KB275638

까칠한 십 대를 위한
토닥토닥 책 처방전

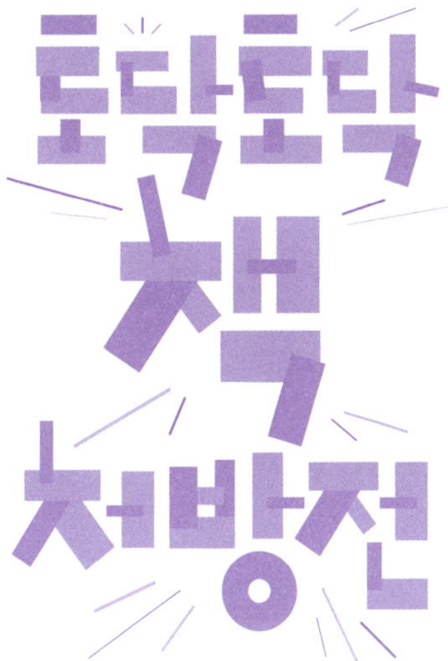

까칠한 십 대를 위한 토닥토닥 책 처방전

권희린 지음

생각학교

책 처방, 한번 받아보지 않을래?

학창 시절을 떠올려 보면 나는 모범생과는 조금 거리가 있는 학생이었어. 겉으로는 모범생처럼 보였지만, 속으로는 이 모든 규칙을 깨뜨리고 잔 다르크처럼 새로운 혁명을 주도하며 비상하기만을 바랐던 학생이었지. 나를 기억하는 선생님들은 그때를 회상하면 아직도 고개를 저어. 두발 검사가 있는 날에는 온갖 꼼수(먹지로 노란색으로 염색한 머리 비비기가 대유행이었지)를 써가며 감시망을 피했고, 땡땡이를 감행하면서 '걸리니까 청춘이다'라는 생각으로 나의 정체성을 드러냈지.

그때는 하라는 대로 다 하기 싫은 나이잖아. 모든 말에 반발심이 생기는 나이. 그러니 학생의 본분, 의무를 말하며 우리를 옥죄면 학교가 싫어질 수밖에. 졸려 죽겠는데 억지로 아침을 먹고 등 떠밀려 학교에 가니 정신은 몽롱하고, 체력은 바닥인

데다가 하루 종일 내가 원치 않는 수업을 들으며 재미없는 시간을 버텨야 했지. 무엇보다 성적으로 사람을 줄 세우는 곳이니까. 즐거운 경험보다 심란하고 불안한 감정을 더 많이 느낄 수밖에 없었어.

도서관에서 독서교육을 주도하는 사서 교사가 되어 처음 교단에 섰을 때는 내가 겪었던 과거의 감정들이 생각나지 않았어. 입장 차이라고 할 수 있지. '내가 학교 다닐 때는 이 정도는 아니었는데…'라고 생각하며 학생들을 대하는 나를 발견하게 되더라고. 옛날만큼 규율이 빡빡한 것도 아니요, (내가 보기엔) 자유로운 시간이 더 많아진 것 같은데, 왜 학교 부적응자는 더 늘어나고 심리적으로 더 힘들어할까 궁금했어. '괜히 힘든 척하는 건 아닌가?'라고 오해도 했지.

그런데 아이들과 함께 이야기를 나누고 난 후에야 내 학창 시절이 떠올랐어. 성적이 떨어져서 고민하던 아이, 부모님과의 갈등을 털어놓으며 어떻게 해야 할지 갈피를 잡지 못하던 아이, 자신의 집안 사정을 이야기하며 불행하다고 생각했던 아이, 아무것도 하기 싫고 무기력했던 아이. 내가 과거에 다 경험했던 감정들이었지. 그래서 그냥 지나칠 수 없었어. 조금씩 아이들과 더 깊은 대화를 나누기 시작했지. 책과 함께 말이야.

처음 아이들의 반응은 미적지근했어. 평소 책이라곤 웹툰이

나 만화책만 읽었는데 활자만 가득한 책들을 품에 안겨주니 '도서관에서마저 엎드려서 자라는 건가?'라는 황당한 표정이 역력했지. 그런데 자신과 비슷한 상황에 처한 청소년 소설이나 에세이를 읽으면서 조금씩 마음을 열기 시작했어. 나중에는 아이들이 도서관에 찾아와서 말했지.

"선생님, 아무 생각 없이 읽을 수 있는 소설책이요."

"무작정 위로받을 수 있는 책이요."

"공부 못해도 괜찮다고 하는 책은 없어요?"

책으로 대화할 수 있다는 사실이 정말 좋았어. 학생들과 무늬만 상담이 아니라 진짜로 소통하게 되어서. 대화는 점점 깊어졌고 아이들은 책을 읽으며 자신의 감정을 천천히 들여다보기 시작했지. 몸에 전율이 흐를 만큼 감동적이고 눈물이 펑펑 쏟아지는 책, 나의 감정을 고스란히 공감해 주는 책들이 진짜 많았으니까.

내가 추천한 책들은 꼴찌들이 성장하는 이야기, 학교폭력에서 가해자가 혹은 피해자가 되는 이야기, 못생긴 외모 때문에 고민하는 이야기, '인싸'가 되기 위해 고군분투하는 이야기 등 모두 학생들의 일상과 밀접히 연관된 내용들이었어. 신기하게도 평소에 책과 담을 쌓고 지내던 아이들도 자신과 관련이 있다고 생각하면 호기심을 갖고 접근했지. 그리고 실제로 내가 언급했던 책들을 읽으며 스스로 자기 감정을 어떻게 다뤄야 할지 배워나가더라고.

우리는 학교생활을 하면서 참 많은 감정, 특히나 부정적인 감정을 경험하며 살잖아. 낙오자, 무기력하고 쓸모없는 인간, 되는 대로 살고 싶은 그런 감정. 우리 마음에는 말하지 않고 드러나지 않지만 커다란 싱크홀이 있었던 거야.

다 포기하고 싶어 하는 것만 같은 친구들이 원하는 감정은 위로와 위안이라는 것을 알게 되었어. 책에는 나의 상황을 꼬치꼬치 캐묻는 사람도 없고 나를 비난하는 사람도 없잖아. 선을 넘는 개입이 없지. 조용히 내 마음을 토닥여주니까 그만한 위로가 없는 거야. 함께 공감해 주고 욕해 주고 비슷한 감정을 느끼게 해주는 책을 읽으면서 아이들은 조금씩 성장해 나가더라고. 생각이나 마음 때문에 힘들다고 무책임하게 현실에서 로그아웃하지도 않았어. '이생망(이번 생은 이미 망했어)'이라고 비관하는 일도 줄어들었지. 자기 앞에 놓인 감정을 잘 살펴보고 인정하면서, 그 상황을 이겨내기 위해 노력하기 시작했지. 책과 함께 말이야.

정말 신기하지 않아? 평소에는 도서관 주변에 얼씬도 않던 아이들이 자신의 삶과 감정을 위로받기 위해 책을 선택했다는 것이. 게다가 실제로 그들이 그 안에서 '힐링'을 경험한다는 사실이.

초등학생 때는 수치심을 배우고, 중학생 때는 외로움을 느끼고, 고등학생 때는 불투명한 미래에 대해 불안에 휩싸이는 게 요즘 아이들이래. 그래서 수치심과 외로움, 불안에 시달린 나머지 자신의 삶을 오래전에 망했다고 미리부터 결론짓잖아. 하지만 성적이 떨어져도, 학교에 친구가 없어도, 부모님과 싸워도 너희들의 삶이 무너지는 것은 아니야. 지금은 그 충격이 크게 느껴지지만 전체 인생을 놓고 보았을 때는 아주 작은 이벤트일 뿐이니까.

그러니까 학교 가기 싫은 날일수록 조금 더 단단한 마음을 가졌으면 좋겠어. 그리고 너희들의 마음을 토닥토닥 해줄 수 있는 게 책이라면 너희들 말마따나 '개이득(책도 읽고 마음도 다독)'이고.

그래서 너희들에게 책 처방전을 건네려고 해. 어디서부터 어떻게 풀어야 할지 알 수 없는 감정들을 자유롭게 풀어주고 싶거든. 단단한 마음을 만들어갈 수 있도록 내가 전하는 책 처방전, 한번 받아보지 않을래?

1장

감정이 흔들릴 때,
나를 지키는 마음 처방전

남과 비교하며 자꾸 초라해질 때

'남'보다 '나'를 발견하는 연습이 필요해

•

《나를 팔로우 하지 마세요》,《열등감을 묻는 십대에게》

'카페인 우울증'이라는 말 들어본 적 있어? 보기에는 카페인 섭취와 연관된 우울 증상을 의미하는가 싶겠지만, 여기서 카페인은 '카카오스토리, 페이스북, 인스타그램'의 앞글자를 따서 만든 말이라고 해. SNS를 하다 보면 다른 사람들의 일상이 부러워지기도 하고 상대적으로 내 현실이 볼품없이 느껴지기도 하잖아. "다들 행복한 것 같은데 나는 왜 이렇지?" 하는 불안하고 우울한 감정이 들고 말이야. 이렇게 SNS로 인해 박탈감이나 허탈감, 자존감 결여, 우울증을 겪는 사람이 많아서 이런 신조어가 생기게 된 거지. 사실 SNS는 남들과 소통할 수 있는 재미있는 공간이기도 해. 하지만 SNS를 통해 다른 사람의 일상과 나의 일상을 비교하기 시작한다면 어느 순간 재미보다 부러움, 혹은 부러움을 넘어 시기심이라는 부정적 감정이 생기게 되지. 그래서 SNS를 끊어볼까 생각해 본 친구들도 있을 텐데, 그랬다가 괜히 친구들 사이에서 소외감을 느끼게 될까 봐 결심이 서지 않았을 거야.

이건 너희만의 고민은 아니야. 어른들도 같은 고민을 하고 어떻게 해야 건강하게 SNS를 할 수 있을지 궁금해하거든. 그래서 'SNS를 하느냐 마느냐 그것이 문제로다!' 갈등의 기로에 서 있을 너희들에게 솔로몬의 지혜급 조언을 전해줄 두 권의 책을 소개하려고 해. 네가 보는 것이 전부가 아니기 때문에 생각의 유연성을 길러야 함을 조언해 주는《나를 팔로우 하지 마세요》와 '남'과 비교하는 것보다 '나'를 발견하는 것의 중요성에 대해 말해주는《열등감을 묻는 십대에게》야.

팔로우와 좋아요가 전부인 가장되고 과장된 일상

《나를 팔로우 하지 마세요》의 주인공 베로니카 리(사람들은 줄여서 '비'라고 불러)는 팔로워가 10만 명이 넘는 〈비의 연대기〉라는 계정을 가진 중학생이야. 태어날 때부터 비의 엄마는 블로그에 시시콜콜한 비의 이야기를 올렸어. 혼자 아이를 돌보는 부모들 사이에서 블로그가 꽤 유명해지자 엄마는 〈비의 연대기〉라는 인스타 공개 계정을 만들어서 비의 일상을 기록하기 시작했지. 시간이 갈수록 늘어나는 팔로워에 엄마는 즐거워했지만, '현실 속 비'는 전혀 즐겁지 않았어. '좋아요'를 많이 받기 위해 그럴싸하게 포장되어 비치는 SNS 속 비의 일상과 현실 속에서 비가 표현하고 싶은 솔직한 마음 사이에 틈이 생기기 시작했거든. 별로 알리고 싶지 않았던 자신의 일상을 이미 친구들이 알고 있을 때 어색함과 당황스러운 감정을 참느라 안간힘을 쓴 적이 얼마나 많은지, 누구도 비의 속마음은 알지 못했어. SNS에서 포장되는 자신의 모습에 비는 점점 더 불편한 마음이 들기 시작해. 그건 '진짜 나'가 아닌 것만 같았거든.

"비, 사람들이 우리 사진을 기다리고 있어. 우리 팔로워들에게는 아침 식사에 곁들일 상큼한 비타민 같은 네가 필요할 거야."

《나를 팔로우 하지 마세요》(올리버 폼마반, 김인경 옮김, 뜨인돌, 2020, 10쪽)

인스타 팔로워 수가 곧 인싸의 증표가 되는 또래문화에선 누가 보기에도 부러울 비의 삶이었지. 하지만 연출되지 않은 일상이나 속마음을 공유할 사람이 없었던 비는 무척 외로웠어. 게다가 비의 유명세를 시기하거나 이용하려는 친구들이 늘어나면서 삶에 허무함까지 느끼게 되지. 그래서 비는 자신의 SNS 계정(정확히 말하면 엄마의 계정)이 사람들의 외면을 받아 자연스럽게 사라지도록 〈비의 연대기〉 방해 작전'을 펼치게 돼. 팔로워들을 '언팔'시키기 위해 황당한 사진과 피드를 올린 거지. 하지만 문제였어야 할 잼 국수와 생선 맛 너겟 포스팅이 '좋아요' 최고 기록을 세우고, 가을 낙엽색으로 염색한 머리가 외려 친구들에게 호응을 받으며 비의 의도와는 다르게 팔로워가 늘어나게 돼. 인스타그램에만 몰두하는 엄마를 골탕 먹이려고도 했지만, 이마저 상황이 생각대로 흘러가지 않자 비는 불안해져. 자신의 인생이 인스타그램에 갇혀버릴 것만 같아서 말이야. 게다가 사실 비의 목표는 단순히 〈비의 연대기〉라는 자신의 계정을 없애는 것으로 끝나는 게 아니었어. 그 속에 엄마의 이야기를 담기를, 엄마 자신의 삶을 살기를 바란 거였지.

결국, 비는 자신의 열네 번째 생일에 엄마에게 〈비의 연대기〉를 그만하고 싶다고 솔직하게 말해. 그동안 비의 마음을 알고는 있었지만 애써 모른 척했던 엄마는 비의 말대로 인스타에 집착하는 삶에서 벗어나 엄마 자신의 관심사를 찾고 마음의 건강을 얻기 위해 노력하지. 비 또한 인스타 셀럽으로서가 아닌 진짜 자신의 일상을 되찾을 수 있었어. 이젠 〈비의 연대기〉가 아닌 〈우리 연대기〉를 써나가자는 비의 제안에 따라 둘은 〈우리 연대기〉라는 계정을 개설해 엄마는 엄마의 이야기를, 비는 비의 이야기를 올리기 시작해. 〈비의 연대기〉 팔로우 방해 작전이 〈우리 연대기〉 팔로우 작전으로 바뀌게 된 거야. 마지막으로 '컬러런 마라톤'을 통해 엄마는 자신을 옭아매는 SNS 감옥보다 본인의 일상이 더 소중하다는 것을 깨닫게 되지.

우리는 손을 잡고 결승선을 함께 통과했다.
"고마워, 비. 컬러런도 그렇지만 넌 날 그곳에서 꺼내 줬어."
엄마가 나를 꽉 끌어안았다.

《나를 팔로우 하지 마세요》(올리버 폼마반, 김인경 옮김, 뜨인돌, 2020, 198쪽)

SNS는 넓은 세상을 볼 수 있는 통로가 되기도 하지만, SNS를 통한 현실엔 왜곡이 있어. 현실을 그대로 보여주는 것이 아니라 각자 보이고 싶은 자신의 빛나고 유쾌한 순간들을 전시하는 경우가 많지. SNS 속 모습과 진짜 모습 사이의 그 현실성을 이해하고 SNS에서 보이는 것에 집착하기보다는 유연한 사고를 하며 자신만의 원칙으로 SNS 루틴을 만들어나가고 싶다면 이 소설을 읽어보길 추천할게. 비와 엄마의 일대기를 세세하게 살펴보면 아마 좀 더 건강하게 SNS를 즐기는 법을 알게 될 거야. 자신을 마음껏 표현하는 동시에 나를 억압하는 감옥이 되지 않게끔 말이야.

건강하게 SNS를 사용하는 방법

《열등감을 묻는 십대에게》는 심리학을 전공한 저자가 심리학 전문 지식을 근거로 열등감이 인간의 행동에 미치는 심리 작용이나 원리를 설명하면서 습관적인 비교에서 벗어나는 방법을 제시해 주는 책이야. SNS를 자주 할수록 다른 사람의 전시된 사생활에 노출되기 쉽고, 그러다 보면 자연스럽게 나의 상황과 비교하게 되고 종종 열등감도 느끼게 돼. 인간은 기본적으로 타인과 비교하는 성향을 타고났기 때문에, SNS가 누군가의 일상 속 하이라이트 부분만 보여주는 공간임을 어느 정도는 인지하고 있으면서도 비교하기를 멈추지 못하고 자기마음을 갉아먹게 되는 거야. 예쁜 옷, 비싼 음식, 화려한 해외여행 등의 모습이 담겨 있으니까 그 순간 나도 모르게 부러워하고 또 비교하게 되는 거지. 어른들도 이런 이유로 SNS를 경계하게 되거든.

하지만 이 책의 저자는 그런 열등감의 늪에서 우리가 가져야 할 마음가짐에 대해 조곤조곤 이야기해 줘. 안 해도 될 비교를 스스로 하며 불안이나 우울에 빠질 필요가 없다는 것을 강조하지. 비교로 행복해질 수도 없고, 특별해야 사랑받는 것도 아니며 완벽한 사람은 존재하지 않는다는 이야기를 따라가다 보면 '남'과 비교하는 습관이 아닌 '나'를 발견하는 습관의 필요성을 깨닫게 돼. SNS를 건강하게 사용하기 위해 무엇보다 중요한 것은 남과 비교하는 행동에서 자유로워지는 거니까. '나'를 발견하게 되면 나의 장점이나 나에게 중요한 가치 등을 알 수 있으니 나를 기준으로 단단히 뿌린 내린 삶을 살아갈 수 있어. 그렇게 자존감이 올라가면 다른 사람의 모습 때문에 내가 괴롭다거나 우울한 상황을 막을 수 있지. 한마디로, 남이 아닌 내가 삶에서 정말로 중요하다고 생각하는 가치가 무엇인지, 내가 잘하는 일이 무엇인지, 나를 행복하게 하는 소소한 일과 내 삶에서 감사할 일이 무엇인지 깨달으면서 '나'를 발견하는 것. 이것이 바로 SNS를 건강하게 할 수 있는 첫 번째 방법이라고 할 수 있지.

비교로 쌓아올린 행복은 언젠가는 무너져 내리기 마련이니까요. 내 삶이 괜찮다는 증거를 비교가 아닌 나의 내면, 나만의 경험에서 찾도록 합시다. 우리가 실제로 경험할 수 있는 것은 오직 내 삶이니까요.

《열등감을 묻는 십대에게》(박진영, 안윤지, 서해문집, 2022, 99쪽)

두 번째 방법은 SNS의 사용시간을 줄이기 위해 노력하는 거야. 2015년 미국 미주리 과학기술대 연구팀이 대학생 216명을 상대로 조사한 결과 SNS에 많은 시간을 쓰는 사람일수록 우울증을 앓을 확률이 높은 것으로 나타났다고 해. 그러니 사용 시간을 정하고, 혹시나 나에게 불안함이나 우울함을 주는 계정이 있다면 팔로우 하지 않는 것도 도움이 될 수 있어. 아예 비교와 불안의 원인에서 멀어지라는 거지. 마지막 방법은 긍정적으로 생각하는 거야. 최근 한 연구에 따르면 SNS에서의 비교가 우리에게 긍정적인 영향을 줄 수도 있다고 해. 타인의 인스타그램 게시물을 보면서 영감을 얻고 결과적으로 기쁨이나 즐거움과 같은 긍정적인 정서가 생길 수도 있다는 거야. 나보다 더 낫다고 생각하는 다른 사람들의 모습을 볼 때 "나는 왜 저런 삶을 살지 못할까?" 대신 "나도 그들과 비슷하며 그들처럼 될 수 있다."라고 긍정적으로 생각하다 보면 나에게 새로운 것을 시도할 수 있는 동기부여가 되기도 한대.

SNS가 보여주는 현실과 이상의 모호한 경계 속에서 건강하게 SNS를 할 수 있는 나만의 방법을 생각해 보자. 그리고 나에게만 보이는 굵은 경계선을 그어보는 거야. 그러면 그 안에서 재미있고 즐거운 SNS 생활을 유지하며 남과 비교하지 않고 나에게 집중하며 행복하게 성장할 수 있을 거야.

아무것도 하기 싫고 무기력할 때

무기력한 날엔 마음에 색을 칠해봐

•

《기억 전달자》

교단에 처음 서는 햇병아리 교사 때였어. 그전에 교생 실습을 나갔을 때는 방긋방긋 웃고 수업 시간에 적극적으로 참여하며, 나에게 먼저 다가오던 아이들을 봤던 터라 나는 선생님이 되어도 그럴 거라 생각했어. 그런데 그건 교생 선생님에게만 주어지는 특권이었어. 막상 선생님이 되자 아이들과 나는 잘 통하지 않았어. 내 수업이 듣기 싫었는지 유난히 엎드려 자는 아이들이 많았지. "학교에 자러 왔으면 숙박비를 내라!"며 농담을 던지기도 했지만 아이들은 시큰둥했어. 엎드려 자는 아이들 중에는 가정형편이 어려워서 밤새 아르바이트를 하느라 잠이 부족한 친구도 있었어. 그런데 대부분은 그렇지 않은 것 같았어. 생각처럼 성적이 나오지 않거나 친구들과의 문제 때문에 모든 걸 포기하고 싶은 아이들이 더 많은 것 같았지. 하루는 친절함을 더해 자고 있는 아이의 어깨를 살살 두드리며 잠을 깨웠어. 그런데 귀찮게 깨웠다며 되레 나에게 화를 내는 거야. 나도 화가 나서 물었지. "넌 도대체 뭐가 되려고 이러니? 계속 이렇게 살 거야?" 그러자 이런 대답이 돌아오더라. "에이 씨, 그냥 내버려 두라니까요!"

　시간이 지나면서 조금씩 알게 되었어. 내 생각처럼 아이들은 자신의 삶을 버리려는 것이 아니라 더 간절히 진짜 삶을 바라고 있다는 걸. 그래서 어떠한 감정도 느끼지 못했던 무기력한 삶에서 벗어나 생생한 고독과 고통을 느끼는 삶으로 가기 위해 용기를 냈던 조너스의 이야기를 전해보려고 해.

아무것도 느끼지 못하는 세상은 행복할까?

모든 것이 통제된 사회가 있어. 과거에 벌어졌던 전쟁, 기아, 기근 등 모든 재앙들을 방지하고 완전한 사회를 만들기 위해 개인의 선택에 따라 발생하는 분란의 소지를 모두 제거해 버린 곳이지. 모두 아홉 살이 되면 똑같이 자전거를 받고, 열 살

얘들아 수업에 집중해줄래?
너희들 커서 뭐가 되려고...
그냥 내버려두라니까요.
되는 대로 살 거예요.

이 되면 머리카락을 자르며, 열두 살이 되면 직위(직업)를 받아. 그리고 부부도 위원회에서 결정해 주고 자녀도 신청하면 분양을 해줘. 자기가 사랑하는 사람과 함께하지 못하고 남의 아이를 자기 아이로 키워야 한다는 말이지. 그리고 직위도 마음대로 결정하지 못하고 위원회에서 결정해 주지. 또 이 마을에는 색깔과 음악, 동물이 없고, 날씨는 항상 똑같아. 공포스러운 부분은 이런 것들에 대해 사람들도 기억이 없다는 거야.

《기억 전달자》의 주인공 조너스는 열두 살이 되는 생일날 기억 전달자가 가져야 할 네 가지 자질, 즉 '지능', '정직함', '용기', '지혜'를 모두 갖추고 있다는 이유로 기억 보유자라는 임무를 부여받게 돼. 그리고 마을에서 과거의 모든 것을 기억하는 단 한 사람인 기억 전달자로부터 기억을 전해 받지. 이 책에서 기억은 지혜의 원천이자 고통의 원인이기도 해. 그리고 그 기억을 바탕으로 위원회에 조언하는 것이 그의 역할인데, 조너스는 과거의 기억을 전달받으면서 '늘 같음 상태'의 완벽한 사회를 위해 희생된 생생한 감정들을 경험하게 되지.

어떨 것 같아? 이 사회에서는 모든 것이 완벽하게 통제되니까 미래를 고민하고 선택할 필요가 없어. 내 꿈을 펼칠 이유도 없지. 어떠한 모험도 위험도 없는 편안하고 즐거운 삶이야. 자신에게 주어진 역할만 하면 밥을 먹고 사는 데 지장도 없고 모두에게 똑같이 집도 주어지지. 친숙하고 편안하고 안전한 세계야. 이쯤 되면 금수저와 흙수저를 논하며 울분을 토하는 우리가 한 번쯤 살아보고 싶은 세상이 아닐까 싶어지지.

선택하지 못하는 삶의 최후

그러나 동시에 두려움이 가득 차는 것도 느꼈다. 조너스는 기억 보유자로 선출되는 것이 어떤 일인지 알지 못했다. 자신이 무엇이 될지 알 수 없었다.

아니면 무엇이 자신이 될지 알지 못했다.

《기억 전달자》(로이스 로리, 장은수 옮김, 비룡소, 2007, 108쪽)

하지만 자꾸 읽어볼수록 조너스처럼 '기억 보유자' 같은 직책을 받아야 한다면 '글쎄…' 사양하고 싶은 마음이 드는 거야. 내 선택이 나를 후회되는 삶이나 잘못된 삶으로 몰아넣을까 봐 가끔은 누가 내 인생을 대신 결정해 줬으면 좋겠다고 생각할 때도 있거든. 그런데 누군가의 결정으로 내가 원치 않는 삶, 고독감이나 고통을 겪어야 한다면? 자유와 선택의 문제에 대해서 다시 생각할 수밖에 없지.

"왜 모든 사람이 그것을 볼 수는 없나요? 왜 색깔들이 사라졌나요?"

기억 전달자가 어깨를 한 차례 으쓱해 보였다.

"우리들이 그쪽을 선택했어. '늘 같음 상태'로 가는 길을 택했지. 내가 있기도 전에, 이 시대보다도 전에, 옛날 아주 오랜 옛날에 말이야. 우리가 햇볕을 포기하고 차이를 없앴을 때 색깔 역시 사라져 버렸지."

그가 잠시 생각하더니 말을 이었다.

"그럼으로써 우리는 많은 것을 통제할 수 있었지. 하지만 동시에 많은 것들은 포기해야 했단다."

조너스는 아주 격렬한 어조로 소리쳤다.

"그러지 말았어야 했어요!"

《기억 전달자》(로이스 로리, 장은수 옮김, 비룡소, 2007, 163쪽)

조너스가 사는 사회는 색깔을 선택할 수도 없는, 삶이 정해진 곳이야. '오늘 입을 옷이 정해져 있어서 정말 편하네.', '아르바이트 하면서 굳이 돈을 벌지 않아도 되니까 얼마나 좋아.', '공부하라고 잔소리하는 사람이 없어서 좋네.' 우리가 부러워할 만한 상황들이 펼쳐지는 사회에서 조너스는 기억을 전달받는 훈련을 하면서 이전에는 몰랐던 다양한 감정을 느끼게 돼.

처음에는 '눈'과 같이 새로운 감촉, 감각에 대한 기억을 전달받지. 신기했어. 축하를 건네는 생일파티를 보면서 그 기억 덕분에 특별한 존재가 되는 기쁨을 알게 되기도 하고 한 번은 박물관에 가서 자신이 아는 색깔들로 가득한 그림을 잔뜩 보면서 행복을 느껴. 하지만 기억이 모두 좋은 것은 아니었어. 극심한 고통을 느끼기도 했거든. 색깔을 기억하게 되면서 밀렵당하는 코끼리의 피범벅을 볼 수 있게 돼. 자신만이 알 수 있는 감정에서 고통뿐 아니라 외로움도 함께 느끼게 된 거야.

그때 기억 전달자는 말하지. 그들은 그렇게 하도록 지시받았기 때문에 잘못이 없다고. 그들에게는 느낌이 없다고. 조너스는 룰만 따르면 아무 걱정 없이 안전하게 한평생을 살다가 임무 해제당하는 이 사회를 그냥 둘 수 없다고 생각해. 정해진 규칙과 전해주는 지식 외에는 알면 안 되는 세상, 슬픔과 고통을 느낄 수 없는 세상에서는 어떤 것도 발전할 수 없다고 생각하지. 그래서 호기심을 가져. 안전하지 않은 세상에 대해서. 그리고 자신의 역할에 얽매이지 않고 새로운 세계를 만들기 위해 용기를 내지.

멍 때리기 대신 적극적으로 생각하기

모든 것이 새로웠다. '늘 같음 상태'와 예측 생활에서 벗어난 후, 조너스는 길모퉁이를 돌 때마다 나타나는 신기한 풍경에 압도되었다. 조너스는 자전거 속도를 늦추었다. 야생의 꽃들을 경이감을 품고 바라보고, 근처에서 낯선 새가 지저귀는 소리에 귀를 기울였다. 바람이 나뭇잎들을 흔드는 것도 즐겼다. 지난 열두 해 동안 마을에서 살면서 조너스는 한순간도 이렇게 순수하고 아름다운 행복감을 느껴 본 적이 없었다.

《기억 전달자》 (로이스 로리, 장은수 옮김, 비룡소, 2007, 289쪽)

완벽하게 모든 것이 통제되고 선택의 고통마저 존재하지 않는 사회는 어쩌면 한 번쯤 살아보고 싶은 사회일지도 몰라. 하지만 조너스는 훈련을 통해 사물의 색깔과 진짜 모습, 그리고 기억과 선택의 자유를 알게 되고, 완벽한 세상인 줄로만 알았던 사회를 탈출하게 되지. 모두에게 기억을 전달하기 위해 위험한 선택을 하는 거지. 비록 그 세계가 고통과 행복이 공존하는 불안한 사회일지라도 스스로 선택하고 살아갈 수 있는 삶이 더 행복하다는 것을 알게 되었으니까. 사회에 종속된 존재인 인간은 사회의 관습과 규범을 따를 수밖에 없어. 그래서 기존 사회관을 벗어나는 건 이해받을 수도 용인될 수도 없는 일이야. 따라서 어떤 사회를 만들어가느냐에 따라 어떤 세상에 살지가 정해진다고 볼 수 있지. 그리고 사회는 선택과 책임에 따라 만들어지거든. 그런데 맨날 그냥 되는 대로 살면서 남이 떠주는 밥을 먹으면 어떨까? 변화 없이 지금 이 상태에서 단 한 걸음도 나아가지 못한 채 안주하게 될 거야. 조너스가 사는 세상과 다를 바가 없겠지.

모든 것이 통제되는 이런 사회에서 인간은 자유로운 사고와 비판 정신을 갖지 못하게 될 거야. 그래서 자유로운 사고를 갖고 '내가 원하는 대로 살기 위해'서는 아무 생각 없이 멍 때리는 대신 더 적극적으로 비판적인 사고를 가져야 한다는 생각이 들어. 지금 내 행동이 옳은 것일까, 어떻게 하는 게 더 나은 길일까를 잘 판단한 후에 그 선택지 안에서 마음껏 자유를 만끽하라는 거지. 그 안에서 쉬어가라는 거야.

"선생님, 어떤 선택이 옳은 것인지 잘 모르겠어요!"라고 물을 수도 있어. 인생에 정답이 어디 있겠어. 그런 정답지가 있다면 내가 먼저 훔쳐보고 싶은걸? 답이 없기 때문에 선택의 무게가 무겁게 느껴지지만 선택이라는 것은 인간만이 누릴 수 있는 중요한 권리이기도 해. 그래서 실패하더라도 그 순간의 기억을 중심으로 더 나은 선택을 하면 그것이야말로 정말 훌륭한 삶이 아닐까 싶어. 귀찮아서 혹은 두려워서 아무것에도 도전하지 않고 무기력하게 살다 보면, 선택의 중요성도 모르고 남들이 대신 결정하는 일에 대해서도 무감각해지지.

조너스가 살던 '늘 같음 상태'의 세상은 안전해. 하지만 평생 안전하게만 살 수는 없잖아? 무기력한 마음이 사라지지 않을 때, 괴로운 감정 때문에 손을 놓고 싶을 때, 조너스를 떠올려 봐. 우리가 느끼는 괴로움과 무기력함이 결국 삶을 생생하게 만들기 위해 필요한 부분이라는 사실을 생각했으면 좋겠어.

누군가에게 기대고 싶을 때

: 언제나 내 편이 되어줄 책 한 권

•

《리버보이》

엄마의 잔소리야 하루이틀 듣는 게 아니지만, 유독 잔소리를 듣고 나면 마음 한구석에 꽁꽁 눌러두었던 화가 걷잡을 수 없이 부풀어 올라 도무지 가라앉지 않는 날이 있지. 감당할 수 없는 일들이 자꾸만 내 앞길을 가로막을 때, 이런저런 일들로 펑펑 울고 싶을 때. 정말 이불 꽁꽁 싸매고 방에서 나오기 싫은 날이 있잖아.

이럴 때 내 마음을 가만히 다독여줄 무언가를 찾아 여기저기 기웃거리고 있다면, 선물해 주고 싶은 책이 있어. 누군가에게 기대고 싶을 때, 위로받고 싶을 때 읽으면 마음이 따듯해지는 책《리버보이》를 소개할게.

너 오늘 학교 안 가니?
계속 이러고 있을 거야?
학교 가기 싫어요!
공부도, 친구도 다 힘들게
한다고요!

울어야 할 때는 실컷 울자

《리버보이》는 열다섯 살 소녀 제스가 할아버지와의 이별을 겪으면서 한층 성숙해지는 과정을 그린 소설이야. 어느 날 할아버지가 심장발작으로 쓰러지면서 제스는 늘 곁에 있을 것만 같던 할아버지가 떠날지도 모른다는 불안감을 난생처음 느끼게 돼. 건강이 악화된 상황에도 할아버지는 미리 계획된 가족 여행을 떠나자고 하는데, 목적지는 바로 할아버지의 고향이었어. 그리고 그곳에서 할아버지는 정말 하고 싶었던 마지막 일을 마치고 죽음을 받아들이지.

> 울어야 할 순간에 울음을 참으면 병이 난다. 그 시간을 충분히 누린다면 모든 것은 제자리를 찾아갈 것이다.
>
> 《**리버보이**》(팀 보울러, 정해영 옮김, 놀, 2014, 269쪽)

영원히 곁에 있을 거라고 믿었던 사람이 내 곁을 떠난다면 어떤 기분이 들까? 아마도 매우 불안하고 슬프겠지. 하지만 그 상황을 어떻게 견뎌야 하는지는 아무도 가르쳐주지 않아. 그건 우리가 어려서가 아니라 어른들조차 그런 일에 익숙하지 않아서야.

제스의 아빠는 어른이라 할아버지의 죽음 앞에서도 담담하게 잘 버텨낼 것만 같지만, 그는 장례식장에서 계속 눈물을 흘려. 하지만 어린 제스는 아빠와 다르게 행동하지. 그리고 이렇게 생각해. 울지 않아야 어른이 되는 것이 아니라, 진짜 울어야 할 때를 알고 눈물을 흘려야 성숙한 것이라고. 아빠 역시 슬퍼할 만큼 슬퍼한 후에 다시 마음을 추스를 것이고, 그것이 앞으로 살아갈 날들을 위한 힘이 될 거라고 말이야.

제스는 슬픔이 자연스럽게 마음에 녹아들 때까지 그냥 두는 것이 건강하게 슬픔을 받아들이는 방법이라고 말하지. 사실 슬픔과 고통을 느낄 때, 우리는 눈물을 통해 살아갈 힘을 얻을 뿐만 아니라, 성장하고 강해지잖아. 울고 나면 연약해진 너의 마음이 따뜻하게 차오르는 것을 느끼게 될걸?

"삶이 항상 아름다운 건 아냐. 강은 바다로 가는 중에 많은 일을 겪어. 돌부리에 채이고 강한 햇살을 만나 도중에 잠깐 마르기도 하고. 하지만 스스로 멈추는 법은 없어. 어쨌든 계속 흘러가는 거야. 그래야만 하니까. 그리고 바다에 도달하면, 다시 새로운 모습으로 태어날 준비를 하지. 그들에겐 끝이 시작이야. 난 그 모습을 볼 때 마음이 편안해지는 것을 느껴."

《리버보이》(팀 보울러, 정해영 옮김, 놀, 2014, 223쪽)

제스가 처음부터 강했던 건 아니었어. 그녀도 처음에는 몹시 불안해했고 초조해했지. 늘 힘이 넘쳤던 할아버지가 건강 악화로 인해 마지막 작품일지도 모를 그림을 완성하지 못하고 나날이 무력해지자, 그녀는 몹시 안타까워하거든. 그때 그 고민을 들은 리버보이가 할아버지를 도와 그림을 완성하라고 제스에게 말해주지.

소년의 말을 듣고 용기를 얻은 제스는 할아버지를 도와 그림을 완성하고, 할아버지는 마음의 안정을 찾지. 그리고 제스는 자신을 도와준 고마움에 소년의 부탁을 들어주기 위해 그를 찾아가게 돼. 소년은 바다를 바라보며 바다까지 헤엄치자고 제안해. 바다는 강을 따라가면 70킬로미터나 떨어져 있었는데 말이야.

처음에 제스는 거절해. 하지만 할아버지가 병원으로 실려 갔다는 소식을 듣고는 할아버지의 어릴 적 꿈이 저 바다까지 헤엄쳐 가보는 것이었다는 말에 망설이지 않고 소년의 뒤를 따라 강으로 뛰어들지. 할아버지의 죽음을 담담히 받아들이면서 할아버지의 꿈을 대신 이뤄주고 싶었던 거야.

제스와 소년이 바다를 대하는 모습을 보면서 인생은 강물과 같다는 생각이 들었어. 제스는 할아버지와의 이별이 슬펐어. 그러나 작은 개울에서 시작된 강물이 결국 바다로 흘러가는 순간을 바라보면서 할아버지를 보내야 할 때를 알게 되지. 그 고통을 담담하게 받아들여야 한다는 것을 알았기에 제스는 소년을 따라 강으로 뛰어든 것이었겠지. 제스는 할아버지를 생각하며 바다까지 헤엄치면서 많은 것을 극복할 수 있었어.

이 책을 읽으며 나에게만 특별히 주어진 아픔이나 슬픔 같은 건 없다는 생각을 했어. '왜 저에게만 이런 시련을 주시나요!'라며 신을 원망할 수도 있겠지만, 그냥 괴로움이 자연스럽게 흘러가도록 내버려두는 일 또한 인생의 일부분이라고 생각하거든. 세상에 고통 없이 늘 좋은 일만 겪는 사람이 있을까? (있다고 하더라도 늘 현실에 안주하다 보면 분명 커다란 시련 앞에서 아무런 대책 없이 무너지게 될지도 몰라.)

모두들 그렇게 살아가는 거야. 고통을 겪으면서, 그 안에서 자신을 들여다보고 마음을 다스리면서, 조금씩 어른으로 성장하는 거지. 붙잡는다고 삶이 제자리에 있는 것도 아니고. 삶은 자연스럽게 흘러가는 거잖아. 마치 강물처럼, 바다처럼.

4

불합리한 일에 화가 날 때

아닌 것은 아니라고 말하는 용기를

•

《앵무새 죽이기》

어린아이의 시선으로 미국의 인종차별을 신랄하게 비판하는 소설이 있어. 하퍼 리의 《앵무새 죽이기》. 방대한 양과 깨알 같은 글씨, 인종차별이라는 주제가 어렵게 느껴져서 이 책을 시작하는 것에 겁먹을 수도 있지만 차별은 우리 사회에서 다시 한번 생각해 보고 깊이 있게 접근해야 할 주제이기 때문에 어렵더라도 한 번쯤은 꼭 도전해 보면 좋겠어.

혼자 읽기가 힘들 수도 있어서 나는 방학 동안에 '고전 읽고 토론하기' 수업을 진행하며 학생들과 함께 읽었어. 함께 읽는 가운데 안갯속을 헤치고 갈 용기를 얻으며 읽기를 시도해 볼 수 있었는데, 주변에 그런 기회가 있다면 활용해 보는 것도 큰 도움이 될 거야.

모든 사람이 Yes라고 말할 때
No라고 말할 수 있는 용기

이 책의 주인공인 어린 여자아이 스카웃은 이웃집에 사는 '부 래들리(아서 래들리)'라는 사람을 단 한 번도 본 적이 없어. 부 래들리는 어린 시절을 제외하고는 집 안에 갇혀 살았거든. 스 카웃과 그녀의 오빠 젬은 그에 대해 여러 가지 추론을 하고 그 의 집을 건드리기만 해도 큰일이 날 것처럼 생각해. 잘 알지도 못하면서 조금이라도 들은 말이 있으면 아무 데나 퍼뜨리는 주위 사람들이 모두 그렇게 이야기하니까.

그러다 보면 이야기가 과장되고 사람들은 편견을 갖게 되 지. 사실 부 래들리는 그들이 생각하는 나쁜 사람이 아니었어. 우리와 다르지 않은 이웃일 뿐, 혐오하고 두려워할 존재가 아 니었는데 온갖 소문 때문에 그에 대해 상상하며 편견을 가졌 던 거지.

또 다른 편견과 차별의 피해자가 있었어. 바로 톰 로빈슨이 라는 흑인이었지. 그는 백인들에게 늘 도움을 주는 사람이었어. 그런데 어느 날 흑인 남성인 톰이 백인 여성 메이엘라를 폭행하고 겁탈하려 했다는 혐의를 받게 돼. 사실은 반대로 메이엘라가 톰을 유혹하기 위해 접근한 것이었지. 톰은 곧장 달아났고 그것을 본 메이엘라 아버지가 톰 로빈슨을 고소해. 그는 백인들의 불합리한 백인 우월주의 때문에, 흑인이라는 이유 하나만으로 강간 사건의 피의자가 돼.

문제 의식을 갖고 세상에 대한 시야를 넓히기

주인공의 아빠인 애티커스 핀치는 교육 수준이 높고 상식 있는 변호사였어. 비록 물려받은 재산은 없어도 마을에서 평판이 좋은 인물이지. 아들과 딸을 엄마 없이 키우고, 깜둥이 애인이라는 놀림 속에서도 흑인 가정부 캘퍼니아를 신뢰해. 당시 인종차별이 심했던 시대 상황에 비추어 보면 백인이 그런 행동을 한다는 것은 편견이 없고 생각이 곧은 인물이라는 사실을 잘 드러내 주지.

그런 그가 큰 화제가 되었던 흑인 톰 로빈슨의 강간 사건을 담당하게 돼. 톰 로빈슨은 백인 여자를 강간했다는 혐의를 받고 있지만 강간을 당했다는 메이엘라나 그 아버지의 주장은 석연치가 않았어. 사실 톰 로빈슨은 무죄였거든. 그는 이 사건이 이기지 못할 싸움이라는 것과 싸우는 과정에서 사람들에게 비난받을 수 있다는 것을 알았지만 흑인이라고 해서 무죄가 유죄가 되어서는 안 된다고 생각했고 한 발도 물러서지 않고 로빈슨을 변호해. 많은 사람들이 무언가를 시도할 때 승산 없는 싸움이라고 생각하면 무의미하다고 생각되는 노력을 하지 않는 게 대부분이잖아. 게다가 당시 인종차별이 심했던 시대 상황에 비추어 보면 백인이 그런 결정을 내리고 흑인을 변호하는 것은 어려운 일이었어. 그런데 그는 백인이 흑인에게 행사하는 권리들이 잘못되었고 바로잡아야 한다고 생각했고 자신이 생각한 대로 행동해. 평소 편견이 없고 생각이 곧은 애티커스 핀치였기에 가능한 일이었지.

"아빠, 우리가 이길까요?"

"아니."

"그렇다면 왜."

"수백 년 동안 졌다고 해서 시작하기도 전에 이기려는 노력도 하지 말아야 할 까닭은 없으니까."

《앵무새 죽이기》(하퍼 리, 김욱동 옮김, 열린책들, 2015, 149쪽)

이기지 못하더라도 노력하는 일의 위대함

이 책이 무엇을 말하고 싶은지를 잘 알기 위해서는 왜 제목이 '앵무새 죽이기'일까에 대해서 고민해 볼 필요가 있어. 앵무새는 누구일까, 누가 앵무새를 죽였을까에 대해서 말이야. 내가 아이들과 함께 독서토론을 하다가 이 질문을 던지자 한 아이가 조심스럽게 손을 들었어.

"톰 로빈슨이 바로 앵무새 아닐까요?"

앵무새들은 인간을 위해 노래를 불러줄 뿐이지. 사람들의 채소밭에서 뭘 따먹지도 않고, 옥수수 창고에 둥지를 틀지도 않고, 우리를 위해 마음을 열어 놓고, 노래를 부르는 것 말고는 아무것도 하는 게 없어. 그래서 앵무새를 죽이는 건 죄가 되는 거야.

《앵무새 죽이기》 (하퍼 리, 김욱동 옮김, 열린책들, 2015, 174쪽)

그래 맞았어. 앵무새는 우리에게 어떤 해도 끼치지 않아. 톰 로빈슨도 마찬가지였지. 백인들에게 도움을 주는 사람이었지, 강간을 하거나 나쁜 짓을 할 사람이 아니었어. 재판이 진행될수록 누가 거짓말을 하는지 분명했기 때문에 스카웃은 이 재판에서 톰 로빈슨이 분명히 이길 거라고 생각했지.

톰 로빈슨은 평소에 강간을 하거나 나쁜 짓을 할 사람이 아니라는 걸 모두가 알았어. 게다가 법정에서 공방이 진행될수록 메이엘라의 주장은 석연치가 않아 누가 거짓말을 하는지 분명했지. 그런데 첫 번째 재판에서 어떤 판결이 난 줄 알아? 충격적이게도 유죄 선고를 받게 돼. 톰은 결백한 것이 분명한데도 그들은 판결을 거꾸로 내렸던 거였지. 백인들은 모두 알고 있었어. 누가 진짜 잘못을 했는지. 하지만 백인들은 흑인이 백인을 이기는 것은 있을 수 없는 일이라고 생각했고 백인의 명예를 위해 흑인 하나쯤은 희생당해도 된다고 생각했지.

결국 톰 로빈슨은 어차피 결말은 정해졌고 희망이 없다는 생각에 감옥을 탈출하려다가 그 자리에서 사살돼. 그가 이 나라에서 선택할 수 있는 유일한 자유가 그것뿐이었으니까. 사회적 편견이나 이념 때문에 아무 죄도 없는 흑인, 즉 노래만 불러주던 앵무새는 그렇게 죽음을 맞게 되지. 그 당시 미국 사회의 옳지 못한 정의가 죄 없는 한 사람을 죽음으로 몰아간 거였어. 어린 스카웃은 법정의 판결을 지켜보며 눈물을 흘리며 속상해해. 불합리한 것을 보고도 아무것도 할 수 없는 상황에 먹먹함이 밀려들었거든. 순수하고 때 묻지 않은 마음을 가진 아이는 어른들이 진실을 모른 척하고 덮으려는 모습에서 충격을 받았을 거야. 아무것도 모르는 아이들도 올바른 길이 뻔히 보이잖아. 그런데 더 잘 아는 어른들이 백인의 우월함을 주장하며 죄가 없는 사람을 죽음으로 몰고 갔으니까. 그러면서 마음속으로 다시 한번 아빠의 말을 생각하지. 이기지 못하더라도 정의 앞에서 무너지면 안 된다는 이야기를.

하지만 난 다른 사람들과 같이 살아가기 전에 나 자신과 같이 살아야만 해. 다수결에 따르지 않는 것이 한 가지 있다면 그건 바로 한 인간의 양심이다.

《**앵무새 죽이기**》(하퍼 리, 김욱동 옮김, 열린책들, 2015, 200쪽)

지금도 우리는 편견과 차별이 넘쳐나는 사회에 살고 있어. 1930년대처럼 인종차별이 심한 미국의 앨러배마주가 아닌데도 말이지. 크게 변하지 않은 듯한 사회 속에서 사는 우리가 이 소설을 읽다 보면 양심에 대해 고민하게 돼. 그리고 불합리한 것을 모른 척하면 어떤 비극이 일어나는지도 알게 되고. 그리고 그런 비극을 만들지 않기 위해서는 저항하는 용기가 중요하다는 것을 깨닫게 될 거야. 관습이나 편견에 찌들지 않기 위해 어떤 마음가짐으로 현재를 살아야 할지, 핀치 변호사의 말을 마음속에 늘 새긴다면 답은 나오지 않을까?

5

시간에 쫓겨서 조급하고 불안할 때

시간의 진짜 주인이 되는 방법

•

《모모》,《시간을 파는 상점》

어렸을 적에 생활 계획표 짜본 적 있어? 컴퍼스로 그린 원에 시간을 나눠 하루 일정을 짜던 경험 말이야. 나는 누가 가르쳐 주지도 않았는데 시험 기간이 되면 연습장에 큰 표를 그려 한 달 전부터 시험 대비 계획표를 짜는 파워 J였어. 계획표에서 조금 엇나가더라도 그 시간을 만회할 시간까지 계산한 아주 체계적인 계획표였지. 좋게 말하면 부지런했고, 나쁘게 말하면 시간에 대한 강박이 있었다고나 할까? 늘 하루를 쪼개어 낭비하는 시간 없이 사는 것을 지향했고 그런 일상이 나를 좋은 곳으로 안내한다고 믿었어. 실제로 주위에서는 이런 나의 모습을 보며 시간을 잘 활용한다며 칭찬했고 그러다 보니 바쁘게 사는 삶 자체를 훌륭하다고 규정짓게 되었지. 하지만 어느 순간 시간을 절약한다는 이유로 정말로 중요한 무언가를 놓치고 있다는 생각이 들었어. 대학생 때 시간을 알차게 활용하겠다며 직사각형 시간표를 짜다 보니, 전공이나 이수 학점과 상관없는 과목을 수강하느라 한 학기를 통째로 날려버린 적도 있고, 쉬는 시간은 낭비라는 생각 때문에 공강도 즐기고 친구들과 놀면서 좀 설렁설렁 보내야 하는 캠퍼스 라이프를 누리지 못하고 치열하게 살았지. 다른 친구들은 재미있다던 대학 생활이 지루하기만 했던 것도 바로 그런 이유 때문이었을 거야.

그때까지만 해도 나는 그 시기에만 누릴 수 있는 시간이 나에게 어떤 의미가 있는지를 생각하기보다는 내가 설정한 목표를 이루기 위해 시간을 확보하는 데 더 열중했던 것 같아. 그렇게 조각조각 시간을 절약하고 활용하면 언젠가는 보상이 생길 거라 믿었거든. 그런데 실제로 얻은 시간보다 잃은 시간이 더 많다는 냉정한 결론에 이르게 되었지. 시간에 쫓기는 자의 슬픈 최후였어.

아끼면 아낄수록 줄어드는 의미 있는 시간들

《모모》는 시간 도둑들과 도둑맞은 시간을 인간에게 찾아주는 어린 소녀 모모에 관한 이야기야. 이탈리아의 한 도시에 어디에서 왔는지 알 수 없는 '모모'라는 이상한 아이가 나타나. 마을 사람들은 모모에 대해 잘 알지 못했지만, 모모가 그들의 이야기를 잘 들어줬기 때문에 모모와 가깝게 지냈지. 그러던 어느 날 그 도시에 회색 신사들이 등장하면서 사람들이 변하기 시작해. 회색 신사들은 어머니를 돌보는 시간, 마을 주민들과의 잡담, 앵무새를 기르는 것, 친구를 만나는 것, 노래하고 명상하는 것, 책 읽는 것 등을 시간 낭비라 말하며 이를 줄여서 시간을 저축해야 한다고 주장해. 이들의 주장에 설득된 어른들은 여유, 생각, 공상 등 소위 말하는 '멍 때리는' 시간 없이, 오로지 생산적인 일에만 몰두하게 돼. 그 틈을 타 회색 신사들은 어른들이 놓쳐버린 의미 있었던 시간을 조금씩 훔쳐 가. 결국 도시의 사람들은 시간을 아끼면 아낄수록 가진 것이 점점 줄어드는 이상한 경험을 하게 되지.

하지만 시간을 아끼는 사이에 실제로는 전혀 다른 것을 아끼고 있다는 사실을 눈치챈 사람은 아무도 없는 것 같았다. 아무도 자신의 삶이 점점 빈곤해지고, 획일화되고, 차가워지고 있다는 것을 알아차리지 못했다.

《모모》(미하엘 엔데, 한미희 옮김, 비룡소, 1999, 97쪽)

마치 지금 너희 모습 같지 않아? 학교 수업이 끝난 뒤에는 또 학원의 연속에 주말에는 보충수업으로 꽉꽉 채워진 일상. 짜여진 시간표대로 쉼 없이 달리는 일상 말이야. 실제로 많은 학생들이 학교 성적, 좋은 대학을 목표로 앞만 보고 달리다 보니 진짜 필요한 '중요한' 시간을 잃어버리고 있는 건 사실이거든. 시간에 쫓기면서 더 빨리, 더 많은 것을 이루려는 압박과 욕심에 사로잡혀서 정작 중요한 가족과의 시간이나 친구들과의 관계를 미루고 있으니까. 그리고 무엇보다 오롯이 나를 돌아보는 시간을 갖지 않으니까. 너희들은 어떻게 생각해? 공부 같은 생산적인 활동 외에 쓰는 시간은 정말 회색 신사들이 말한 것처럼 그저 낭비인 걸까?

회색 신사들에게 빼앗긴 시간을 되찾는 법

모모는 늘 바쁘게 사는 도시의 사람들에게 조금 느린 걸음으로 걸어보기도 하고, 동네를 둘러보기도, 친구와 수다를 떨고 웃기도 하고, 걷다가 잠시 멈춰 서서 하늘도 쳐다보고 길에 난 풀꽃들도 둘러보며 살라고 말해. 그건 낭비가 아니고 소중한 시간이라고, 시간의 노예가 되지 말고 시간의 꽃을 지키면서 살라고 말이야. '시간은 돈과 같으니 절약하라'는 회색 신사들의 꼬임에 넘어가지 말라고 하지.

자신이 무엇을 하고 싶은지, 어떤 삶을 살고 싶은지에 대한 근원적인 고찰 없이 무조건 종착역만 바라보고 달려나가게 되면 종착역에는 도착할 수 있을진 몰라도 내 인생의 중심을 느낄 수 있는 시간을 잃어버리게 되거든. 그러니 무조건적인 몰입보다는 나를 돌아보는 시간을 가지는 게 무엇보다 중요한 거야. 책을 읽어도 좋고 좋아하는 음악을 들어도 좋고 기분 전환을 위한 산책을 해도 좋고 말이지. 온통 나에게만 집중할 수 있는 그런 시간 말이야. 그런 시간을 많이 가져 나를 돌아볼 수 있게 되면 타인의 속도와 나를 비교하지 않고 그저 내 속도에 내 마음을 기울일 수 있게 돼. 그런 마음들이 층층이 쌓여 나를 단단하고 견고하게 만들면? 시간표에 따라 움직이는 삶이 아니라 그 시간 속에 내가 존재하는, 시간의 진짜 주인이 될 수 있겠지? 그렇게 되면 내가 존재하는 그 시간을 소중히 여기게 돼. 결과만이 아니라 과정까지도 즐길 수 있는 사람이 되는 거지. 억지로 노력하지 않아도 아주 자연스럽게 시간의 과정을 즐기며 목표에 이르게 되는 거야. 도로 청소를 할 때 한꺼번에 전체를 생각하지 않고, 바로 다음에 내딛을 걸음과 호흡, 비질만 생각해야 한다는, 그래야 지치지 않고 즐겁게 완수할 수 있다는 청소부 베포 아저씨의 말처럼 말이야.

시간을 의미있게 사용한다는 것

《시간을 파는 상점》에는 이런 수수께끼가 나와. 무엇보다 길면서 짧고, 빠르면서 느린 것, 가장 작게 나눌 수도, 가장 길게 늘일 수도 있는 것. 되게 하찮은 것 같다가도 우리에게 회한을 많이 남기는 것. 세상에 없어서는 안 되는 것이 무엇인 것 같냐고 물어보지.

정답은 눈치챘니? 맞아, 바로 '시간'이야. 시간은 물리적인 시간, 즉 1시간 1분 1초와 같이 객관적으로 수치화되는 크로노스(chronos)와 주관적인 시간, 즉 질적으로 경험되는 순간을 뜻하는 카이로스(kairos)로 두 가지로 나눌 수 있어. 같은 시간일지라 하더라도 어떻게 그 시간을 보냈느냐에 따라 의미가 달라지지. 예를 들어 같은 24시간을 '나에게는 부족한

찰나의 시간'으로 생각하는 사람이 있고, 소중하게 긴 시간으로 느끼는 사람이 있거든. 결국 시간이라는 건 얼마나 의미 있게 보내고 가슴으로 느끼느냐에 따라 다른 것이기 때문에 우리가 시간에 어떤 의미를 두느냐는 어떤 시간을 가질 수 있는지와도 연결될 수 있지.

그럼 우리에게 주어진 '오늘'이라는 시간을 도대체 어떻게 '의미 있게' 사용하라는 걸까? 하루 24시간을 1,440분으로 나누고 86,400초로 나누어 1분 1초도 허비하지 않도록 촘촘하게 계획을 세우라는 것일까?《시간을 파는 상점》에서는 이 질문에 대해 중요한 힌트를 줘. 잡을 수 없는 존재인 시간, 즉 카이로스의 시간을 제대로 붙잡은 온조의 이야기를 통해서 말이야.

주인공 온조는 고등학교 2학년이야. 소방대원이던 아빠가 사고로 돌아가신 후 엄마와 둘이 살고 있지. 온조는 여러 아르바이트에 도전하지만 번번이 그만두게 돼. 몇 번을 실패한 끝에 직접 '시간을 파는 상점'이라는 아이디어를 떠올리지. 시간을 파는 상점은 일종의 심부름센터 같은 건데, 시간을 돈으로 환산할 수 있다는 콘셉트로 운영돼. 이 상점에서 온조는 총 세 개의 사건을 의뢰받아. 그리고 의뢰받은 사건들을 하나씩 해결해 나가면서 '진정한 시간의 가치'와 '사랑하는 사람들과 함께한다는 것의 의미'를 깨달아가지. 모든 사람에게 공평하게 주어지는 시간이지만 내게 속한 시간을 사랑하는 일이 가장 소중하며, 아끼는 사람들과 시간을 함께 보낼 수 있다는 건 아주 감사한 일임을 말이야. 온조처럼 시간의 가치를 알게 된다면 누구라도 전과는 다르게 하루를 보낼 수 있을 거야. 그러니 너희들도 시간이 없어서, 바쁘다는 이유로 누군가와 함께 나눌 수 있는, 가슴으로 느끼는 시간을 미루지 않도록 이 책을 읽어봤으면 해. 아마 친구들과 함께 공부하고 웃고 간식도 먹는 일상의 시간을 소중하게 여길 수 있을 거야. 나를 위한 시간은 물론 가장 중요한 것이라는 것도 잊지 않고 말이야.

시간은 '지금'을 어디로 데려갈지 모른다. 분명한 것은 지금의 이 순간을 또 다른 어딘가로 안내해준다는 것이다. 스스로가 그 시간을 놓지 않는다면.

《시간을 파는 상점》(김선영, 자음과모음, 2012, 219쪽)

우리는 '현재'라는 시간을 바쁘게 쳇바퀴 돌면서 지나가는 시간을 어떻게든 붙잡으려 매일 격렬하게 몸부림치고 있지만 정말 중요한 것은 시간을 얼마나 잘게 쪼개 쓰느냐가 아니라, 누구와 함께 얼마나 의미 있게 보내느냐 아닐까? 치열한 시간

의 경쟁이 아닌 진짜 시간의 가치를 알고 싶다면 '모모'와 '온
조'를 만나러 가보지 않을래?

2장

친구, 가족과 갈등할 때, 우리를 지키는 관계 처방전

1

부모님과 자주 부딪칠 때

가족도 이해가 필요해

•

《페인트》,《세계를 건너 너에게 갈게》

부모님과 갈등이 생겼을 때 이런 생각 한 번쯤은 해봤을 거야. '내가 태어나고 싶어서 태어났나?' 솔직히 가끔은 너그럽고 나를 보듬어줄 수 있는 부모님으로 내가 선택할 수 있었으면 얼마나 좋았을까 생각한 적 있잖아. 만약에 말이야 우리가 부모님을 선택할 수 있다면 우리는 상처받지 않고, 부모님과 싸우지도 않고 행복하게 살 수 있을까? 이런 새로운 시각에서 부모님과의 관계에 대해 다시 한번 생각해 보게 하는 책이 있어. 바로《페인트》야.

《페인트》에는 부모에게 버림받은 아이들을 거둬 아이를 원하는 부부에게 입양 보내는 기관인 'NC(Nation's Children)

센터'가 등장해. 정부는 NC센터의 아이들을 입양하는 사람에게 양육 수당은 물론이고 연금을 앞당겨 받을 수 있는 혜택을 주지. 그러다 보니 형편이 좋지 못한 사람들이 국가의 지원금을 받기 위해 아이를 입양하겠다고 나서는 경우가 많아. 게다가 부모가 되기에 적합한 사람으로 보이기 위해 입에 발린 소리를 하기도 하지. 그래서 안타깝게도 인성이 좋지 못한, 준비되지 않은 부모에게 입양된 아이들이 불행해지는 일들이 벌어지기도 하는데 이 때문에 NC센터의 아이들은 열세 살부터 부모 후보들을 만나 면접을 보고 마음에 드는 부모를 선택할 수 있게 돼. 소설의 제목인 '페인트'는 아이들이 부모 면접(parent's interview)을 줄여 부르는 은어야.

주인공인 '제누301'은 NC센터에 소속된 열일곱 살 소년이야. 열아홉 살까지 부모를 선택하지 않으면 NC센터 출신이라는 꼬리표를 달고 사회에 나가야 하지만, 제누301은 개의치 않고 면접을 보러 오는 부모들에게 매번 어깃장을 놓아. 진심으로 자녀를 원하지도 않으면서 정부의 혜택을 받기 위해 찾아온 부부들의 속내를 꿰뚫어 봤거든. 그러던 어느 날 한 젊은 예술가 부부가 제누301을 찾아와. 하나와 해오름이라는 이름을 가진 그들은 겉으로 보기에는 부모가 될 준비가 전혀 되지 않은 것 같았어. 그들은 자신들이 부모로부터 받은 상처를 이야기하고 부모로서 준비되어 있지 않음을 솔직하게 드러냈지. 열일곱 살 아이의 부모가 되기보다는 친구가 되고자 했고, 그 마음에 끌린 제누301은 하나, 해오름 부부와 최종 면접을 진행하게 돼.

부모님과도 거리두기가 필요하다

"과학 시간에 마찰에 대해 배운 적이 있어요. 마찰은 서로 접촉하는 물질들 사이에 작용하는 힘인데, 언제나 운동방향과 반대 방향으로만 생겨난대요." (중략)
"사람의 마음과 마음 사이에도 분명 마찰이 있을 거예요."
너무 가까우면 부딪치는 가족처럼 말이다.

《페인트》(이희영, 창비, 2019, 161쪽)

《페인트》는 제누301의 목소리를 통해 부모는 저절로 되는 것이 아니라 '되어 가는' 것이라고 말해. 아무리 훌륭한 사람도 처음부터 완벽한 부모일 수는 없다는 거야. 그러니까 자식과의 관계에서 일어나는 문제들을 외면하지 않고, 아이의 마음을 찬찬히 들여다볼 의지가 있다면 부모가 될 자격이 충분하다고 하지. 그런데 그건 자식도 마찬가지 아닐까? 부모, 자식 관계는 일방통행이 아니니까 말이야. 부모님과 어떻게 소통해야 할지 모르겠다면, 우선 부모님이 어떤 사람들인지 알아가는 것부터 시작해 봐. 부모님을 사람 대 사람으로 이해하려고 노력하며 솔직한 마음으로 다가가다 보면 관계가 생각보다 쉽게 나아질지도 몰라. 어쩌면 부모, 자식 관계를 넘어 서로의 삶에서 가장 좋은 친구가 될 수 있을지도 모르지.

그래서 제누301은 하나와 해오름을 선택했느냐고? 글쎄, 그건 책에서 직접 확인해 보길 바랄게. 제누301이 최종 선택을 내리기까지의 과정을 따라가면서 부모와 자식의 관계, 나아가 삶을 이루는 모든 관계에 대해 생각해 보면 좋겠어.

엄마 아빠는 나를 잘 몰라. 하지만 나도 엄마 아빠를 모르지!

내가 어렸을 때는 엄마 앞에서 방긋방긋 잘만 웃었대. 아빠의 넓은 가슴에도 뛰어가 안기고 말이야. 너무 오래된 일들이라 세세하게 기억나진 않지만, 가끔 어릴 적 사진을 보면 그때의 감정과 느낌이 떠올라. 그런데 어느 순간부터 눈엔 반항심이 가득해지고, 부모님에게는 친구보다 못한 감정을 갖게 되더라. 물론 이런 일들이 내가 나빠서 벌어지는 건 아닐 거야. 그저 피가 뜨거운 시기를 겪기 때문이지.

정도와 상황의 차이는 있어도 누구나 이런 경험을 하고 있을걸? 가장 가까이에 있는 가족이라는 존재가 괴로움을 주고, 혼란하게 만드는 시기. 우리가 살고 있는 바로 지금이지. 그런 상황을, 부모와 나의 입장을 바꿔서 좀 더 객관적으로 볼 수 있게 해주는 소설이 있어. 처음부터 끝까지 편지로만 이루어진 소설,《세계를 건너 너에게 갈게》야.

2016년을 사는 은유라는 소녀가 아빠의 제안으로 1년 뒤의 자신에게 편지를 쓰게 돼. 갑자기 왜 편지를 써야 하냐며 투덜거리면서도 중학교 2학년 은유는 미래의 자신에게 자기 생각을 솔직하게 다 이야기하지. 편지라는 매체가 가진 매력을 백분 발휘해서 말이야.

이 편지는 우연히 1982년을 사는 동명의 초등학교 2학년생 은유에게 닿게 돼. 두 소녀 모두 이 믿기 힘든 시간여행을 쉽게 받아들이지 못하지. 그래도 둘은 편지를 주고받으며 서로에게 좋은 친구가 돼. 흥미로운 점은 현재의 시간보다 과거의 시간이 더 빠르게 흘러간다는 것. 현재의 은유가 편지를 쓰고 부치는 동안, 과거의 은유는 현재의 은유보다 더 많은 세월을

산 언니가 되어 있는 거야. 그리고 편지를 통해 과거와 현재의 은유는 마음속에 있는 이야기를 하나둘씩 털어놓게 돼. 누구에게도 말할 수 없었던 현재 은유의 아빠에 대한 마음, 과거 은유의 엄마에 대한 미움 같은 것들.

"넌 가족이 뭐 엄청 특별한 건 줄 알지? 가족이니까 사랑해야 하고 이해해야 한다고 믿지? 웃기지 마. 가족이니까 더 어려운 거야. 머리로 이해가 안 돼도 이해해야 하고, 네가 지금처럼 멍청한 짓을 해도 찾으러 다녀야 하는 거야. 불만 좀 생겼다고 집부터 뛰쳐나가지 말고, 너도 엄마가 왜 그랬을까 생각하는 척이라도 해봐. 최소한 너도 노력이라는 걸 하라고."

《세계를 건너 너에게 갈게》(이꽃님, 문학동네, 2018, 137쪽)

과거의 은유는 엄마 친구들이 집에 오기로 한 날, 잠시 밖에 나가 있으라는 엄마의 말에 발끈해. 평소에 엄마가 언니는 자랑스러워하고 은유 자신은 부끄러워한다고 생각했거든. 그래서 엄마에게 외쳐. "내가 부끄러워? 부끄러우면 언니만 낳지 나는 왜 낳았어? 내가 태어나고 싶댔어?"

누구보다 나를 아끼고 보듬어줘야 할 엄마가 언니와 나를 비교해서 내가 못났다고 함부로 나를 대할 때는 정말 밉고 원

하고 있는 거나 똑바로 해!
넌 왜 맨날 우울하냐?
도대체 공부는 언제 할 거야?

망스럽지. 그런데 가족이라고 해서 서로가 항상 좋기만 할까? 함께하는 시간이 많은 만큼, 기대가 많은 만큼, 훨씬 더 많이 부딪치는데도 서로 이해해야 하는 관계라고 강요받고, 불만을 쉽사리 표현하지 못할 때가 많지. 내가 딸이나 아들이라는 이유로 해야만 하는 역할이나 모습이 정해져 있지 않은 것처럼, 엄마나 아빠라고 해서 내 뜻대로 움직여야 하는 건 아니야. 그런데 우리는 서로의 입장은 생각하지 않고 '딸이니까, 엄마니까, 가족이니까'라며 서로를 힘들게 하는 건 아닐까?

누군가에게 요구하기 전에 스스로를 돌아보기

막상 언니에게 말해 주려고 하니까 내가 얼마나 아빠에 대해 잘 모르고 있었는지 놀랄 정도야. 아빠만 나한테 노관심인 줄 알았는데 나도 만만치 않았나 봐. 서로에 대해 이렇게 관심이 없는데 우린 어쩌자고 아빠와 딸이 된 걸까.

《세계를 건너 너에게 갈게》(이꽃님, 문학동네, 2018, 94쪽)

말도 안 통하고 가식만 가득한 것 같았던 아빠. 현재의 은유는 아빠와 과거의 은유가 비슷한 나이가 되었다는 사실을 알게 되자, 엄마를 찾기 위해 과거의 은유에게 아빠에 관한 이야기를 하려고 해. 그러면서 아빠의 젊었던 시절을 상상하기 시작하지. 그런데 생각할수록 은유가 아빠에 대해 아는 것이 하나도 없는 거야.

우리는 흔히 "엄마가 뭘 알아?", "아빠는 나한테 관심도 없으면서!"라고 말하잖아. 그런데 알고 보니 엄마 아빠만 날 모르는 게 아니라, 나도 부모님을 몰랐던 거야. 사실은 서로 멀어져 있었던 거지. 가족이니까 다 알 것 같았는데, 막상 속을 들여다보면 내 친구보다도 모르니까. 가족이란 이토록 묘한 관계라는 걸 뒤늦게 깨달은 거야.

현재를 사는 은유는 아빠가 말하지 않는 엄마에 대한 고민을 과거의 은유에게 털어놓아. 과거의 시간이 빠르게 흐르고 현재의 시간이 천천히 머물러 있다면, 현재 은유의 엄마를 찾는 데 힘을 얻을 수 있으리라고 생각하며 둘은 약간의 힌트를 나누지. 그러면서 점점 엄마의 정체에 가까이 다가가. 그들의 시간도 점점 가까워지고 말이야.

그래. 넌 엄마가 없다고 했으니 아빠한테 엄마 몫까지 원하고 있는 건지도 모르겠다. 충분히 이해해. 근데 너, 너희 아빠가 널 키우면서 너희 엄마 몫까지 하느라 얼마나 애썼을지를 생

각해 봤니? (중략)

잊지 마.

너희 아빠는 완벽한 사람이 아니야. 그저 아빠일 뿐이지.

《세계를 건너 너에게 갈게》(이꽃님, 문학동네, 2018, 55쪽)

과거 은유의 말처럼 상대방의 몫을 요구하기 전에 스스로를 먼저 돌아봐야 한다고 생각해. 상대방에게 지나칠 정도로 기대하고, 잘해주지 못하는 것에 대해서 불평불만을 늘어놓으면서도 정작 본인은 자기 역할을 제대로 해내려 노력하지 않으면 안 되는 거잖아. 그런데 모든 인간관계는 내가 가까이 다가가려고 하면 상대방도 그걸 눈치채고 마음을 열고, 내가 멀어지려고 하면 상대방도 한 발 뒤로 물러서게 되는 것 같아. 그렇기에 가족일수록 서로의 감정을 이해하려는 연습이 꼭 필요한 거지. 그리고 아빠는 아빠고 엄마는 엄마인 거야. 날 무조건적으로 이해해야 하는 존재라기보다 하나의 인간인 거지. 내가 그저 나인 것처럼 말이야.

가족이라는 미묘한 관계 속에서 버둥거리고 상처받는 우리들. 특별한 관계라고 생각하면 버겁지만 우리가 일반적으로 맺는 관계 가운데 하나라고 하면 조금 가볍게 다가갈 수 있지 않을까? 친구와의 관계에서도 싸운 뒤 금세 화해하고 아무 일도 없었던 것처럼 잘 지낼 때가 더 많잖아. '가족'을 특별한 관계로 인식하면 솔직히 피곤해. 나도 그들에게 특별한 존재가 되어야 하고, 그들을 더 많이 이해해야 할지도 모르니까. 책장을 넘기다 보면 현재 은유와 과거 은유의 시간적 차이가 줄어들수록 가슴이 저릿한 느낌이 들 거야. 그 느낌을 가족이라는 관계에서 조금씩 떠올릴 수 있길 바라.

친구들 사이에서 외톨이라고 느낄 때

남들 시선보다 나라는 존재에 집중해 봐

•

《어쩌다 중학생 같은 걸 하고 있을까》, 《체리새우: 비밀글입니다》

'중학교에 가면 나는 인싸가 될까, 아싸가 될까? 인사이더가 되려면 어떻게 해야 하지? 학기 초부터 강렬한 인상을 줘야 할 텐데. 만약 친구가 생기지 않더라도 왕따는 피해야 할 텐데. 인기가 없으면 다른 애들한테 붙어서라도 그룹을 만들어야겠어!'

새 학기가 시작되면 종종 이런 고민을 하게 돼. 친구들과 잘 어울리고 인기 있는 학생들이 '인싸'라면, 조용히 교실에 앉아 자신의 존재감을 드러내지 않거나 혼자만의 시간을 보내는 사람은 '아싸'야. 단순히 사람의 성향을 나타내는 두 가지 유형처럼 보이지만, 친구들 이야기를 들어보면 인싸를 좀더 긍정적이라고 생각하는 경향이 있는 것 같아. 외향적인 인싸가 아싸보다 뭔가 행복하게, 적극적으로 학교생활을 하는 것처럼 여겨지고 말이야.

그런데 이런 고민을 거듭하다가 인싸에 대한 동경을 실천으로 옮기며 또래 문화에 한 발자국 쉽게 다가간 친구가 있어. 바로《어쩌다 중학생 같은 걸 하고 있을까》의 주인공 스미레야.

인싸냐, 아싸냐, 그것이 문제로다!

중학교는 초등학교와 완전히 다르다. 당연한 소린가? 초등학교 5학년에서 6학년이 될 때는 거의 변화가 없었는데, 6학년에서 중학교 1학년이 된 순간 마치 다른 차원에 내던져진 것 같았다. 양쪽 다 딱 한 살 더 먹은 것뿐인데.

교복, 묘하게 높아진 철봉, 과목별로 바뀌는 선생님. 초등학교 땐 없었던 것들에 익숙해지느라 시간을 잡아먹은 것도 사실이다. 하지만 역시 제일 큰 차이는 반 아이들이다.

《어쩌다 중학생 같은 걸 하고 있을까》

(쿠로노 신이치, 장은선 옮김, 뜨인돌, 2012, 6쪽)

중학생의 불안한 심정과 생활 변화를 그대로 담은 이 책의 주인공 스미레는 내가 중학교 시절에 느꼈던 감정을 고스란히 전해줘. 나는 다른 동네로 이사를 가면서 어쩔 수 없이 전학 갔던 적이 있었거든. 낯선 곳에서 혼자라는 느낌은 생각보다 견디기 힘들었어. 활발한 성격은 묻히고 자신감은 바닥을 쳤지. 빨리 친구를 사귀어서 학교생활에 안정을 찾고 싶은 마음에 어떻게든 친구들과 친해지려 안간힘을 썼어. 착해 보여야 친구들이 그룹에 끼워줄 것 같아 내 의견을 제대로 말하지 못한 적도 있었고, 다른 애들이 하자고 하면 싫어도 무조건 따르기도 했지.

그래서인지 화장실에서 스미레가 반에서 가장 예쁜 아이들 무리의 일원인 아오이에게 편지를 건네줄 때는 왠지 나도 모르게 가슴이 다 두근대더라. 거절당하면 어쩌지 하고 말이야. 학교생활에서 가장 힘들었던 순간은 성적이 떨어졌을 때도, 선생님께 혼났을 때도 아닌 함께 웃고 떠들 친구가 없었을 때였으니까.

인싸가 되고 싶었던 스미레는 권력의 최상층인 반대표 아오이의 눈에 들기 위해, 따돌림을 당하지 않기 위해 일부러 그 주위에서 얼쩡거리고 그들의 행동을 따라 해. 패션에 신경 쓰고 머리도 염색하고 담배도 피우고 술까지 마셨지. 시내에 나가

늦게까지 놀고 헌팅도 당해보고 말이야. 그러다가 급기야 물건을 훔치는 상황까지 맞닥뜨리게 돼. 그러면서 내면의 갈등이 시작되지. '친구를 만들기 위해 자신을 버릴 것인가?', '친구들이 이런 행동과 말을 한다면 나도 똑같이 해야 하는 걸까?'

관계에 최선을 다하는 태도가 지나치면 내가 정해놓은 선을 넘게 되는 것 같아. 결국 스미레는 이게 잘못되었다는 것을 깨닫고 자발적 왕따의 길을 선택해. 그러곤 자신을 둘러싼 사람들과 관계 맺기를 배워가며 조금씩 성장해 나가. 결국에는 자신을 사랑하고 타인을 이해하는 법을 깨닫게 되지. 그런 스미레의 모습을 보고 있으면 혼자여서 늘 외로운 것만 같은 일상에서 희망을 보게 돼. 모든 것은 마음먹기에 달렸다는 진부한 문장도 떠오르고 말이야.

타인과 함께 살아가는 인간이라면 누구나 다른 사람들과 소통하고 그들 안에 속하고 싶은 욕구가 강렬하지. 그러니 인싸냐, 아싸냐에 희비가 엇갈리는 것도 당연해. 생각해 보면 우리만 그런 것도 아니야. 양치기 소년을 봐. 소년은 단순히 재미로, 늑대가 나타났다고 거짓말한 게 아닐지 몰라. 외딴곳에서 혼자 일하며 느꼈던 소외감을 거짓말로 드러낸 걸지도 모르지. 소속집단을 갖고자 하는 욕구는 누구에게나 있으니까. 하지만 내가 바라는 것이 정말 필요한 것인가를 돌아보는 일도 중요해. 나다움을 잃지 않는 것 말이야.

인싸 되기보다 더 중요한 것이 있다고?

학창 시절 나는 MBTI라는 성격유형검사를 하면 항상 ESFJ (사교적인 외교관)라는 결과를 받았어. 외향이냐 내향이냐는 맨 앞의 알파벳에서 결정되는데, E는 외향성을 뜻하는 extroversion에서 나왔고 I는 내향성을 뜻하는 introversion 에서 나온 거야. 생각해 보면 나는 검사 결과에 걸맞게 외향적인 성향을 가진 사람이었지. 그런데 여기에서 짚고 넘어갈 것이 하나 있어. 우리는 내향성과 외향성에 대해 조금 오해하고 있거든.

내향적 성격이라고 하면 소심하고 용기가 없고 부끄러움을 많이 타는 성격을 떠올리잖아. 그런데 《모든 관계는 말투에서 시작된다》(김범준, 위즈덤하우스, 2018)라는 책을 보면 수줍고 비사교적이면 내성적이고, 사교적이고 활발하면 외향적이라고 하는 것은 일상적 표현일 뿐, 학문적인 개념은 아니라고 해. 그저 하나의 특징이지, 어느 하나가 다른 하나를 앞서는 성향이 아니라는 뜻이야. 게다가 내향과 외향의 구분은 한 사람의 중요한 행동과 판단을 결정하는 생각과 감정의 무게 중심이 어디에 있는지를 말해주는 거래. 생각과 감정의 기준이 '나 자신(주체)'을 향하면 내향이고 '나 이외의 외부 대상(객체)'을 향하면 외향이라는 차이일 뿐, 기질적인 우월성을 나누는 말은 아니라는 거지.

나도 이런 오해를 지금까지 가지고 살았어. (편견이라는 게 이래서 참 무서워. 끈질기기도 하지.) 그래서 초등학생 때에는 학교 임원 당선에 목숨을 걸었고, 인기투표에서 2등이라도 나오는 날에는 밥이 안 넘어갔지. 어떻게 하면 1등을 할 수 있을까, 혼자 대책회의를 할 정도였어. 공부보다 많은 친구를 사귀는 게 더 중요하다고도 생각했었지. 스미레처럼 또래 친구들과 어울리는 것에 더 관심을 가져서 (엄마가 바라는) 모범생 이미지와 안 어울리는 행동도 많이 했었어. (엄마한테 체육대회 때 입을 반티 사야 한다고 돈을 받아낸 다음, 친구들과 지하상가에 옷을 사러 갔었지. 공휴일에는 선생님이 주최하는 반 단합대회가 있다면서 학원 땡땡이 치고 친구들하고 놀러도 갔고.)

대학생이 되어서도 흔히 말하는 인싸로 인정받고 싶어서 동아리 회장을 맡기도 했어. 게다가 내가 들어야 하는 강의보다 친구들과 함께 들어야 하는 강의로 시간표를 짜느라 졸업 학점을 못 채워서 남들보다 학교를 6개월이나 더 다녔다니까?

학교 식당에서 혼자 밥을 먹는 게 너무 싫어서 굶거나 과자로 배를 채운 적도 있었지. 연락하는 친구는 당연히 많았어. 길을 가다 보면 인사하는 친구들도 많았고. 엄마가 우스갯소리로 "너 무슨 선거 나가니?"라고 말할 정도였어. 하지만 결국에는 내 마음을 터놓고 이야기할 친구가 없다는 사실을 깨달았지. 양보다 질, 결국 인싸보다 중요한 것은 진짜 친구라는 걸 알게 되었어.

나에게 집중한다는 것은?

가곡을 들으면 마음이 편해진다. 그런데 이런 노래를 좋아하면 놀림받기 십상이다. 클래식 음악을 전공할 것도 아닌 아이가 가곡을 좋아하면 아이들은 이렇게 말한다.
'진지충!'

《체리새우: 비밀글입니다》 (황영미, 문학동네, 2019, 22쪽)

《체리새우: 비밀글입니다》의 주인공 다현이는 자신이 다른 아이와 조금 다르다는 것을 알아. 가요보다는 가곡을 좋아하고, 아이들은 잘 하지 않는 블로그를 운영하지. 하지만 누구에게도 그 사실을 말하지 않아. 왜냐하면 초등학교 5학년 때 휴대전화 연결음이 〈그 집 앞〉이라는 가곡이었는데, 그걸 두고 친구들이 '올드'하다며 다현이를 놀렸거든. 게다가 '진지충'이라 따지기 좋아하고 잘난 체한다며 친구들에게 '은따'를 당한 적도 있었어. 그러자 다현이는 그다음부턴 절대 튀지 않겠다 결심하고, 하고 싶은 말들은 '체리새우'라고 명명한 블로그에만 적었어. 그러던 중 왕따인 자신에게 설아가 손을 내밀어줬고, 다현이는 이를 계기로 왕따에서 벗어나 '다섯 손가락'이라는 그룹의 멤버가 돼. 다섯 손가락 친구들에게는 싫어하는 교내 친구들이 있었어. 그런데 다섯 손가락 멤버 중 한 명이 싫어하는 아이는 멤버 모두가 싫어해야 한다는 암묵적 약속도 있었지. 그런데 새 학년이 되면서 하필이면 밉상 순위 2위였던 은유가 다현이의 짝꿍이 되어버린 거야.

다현이는 은유와 속마음을 나누면서 조금씩 은유에 대해서 알아가게 돼. 은유는 은따처럼 지내는 게 너무 힘들어서 엄마에게 전학을 보내달라고도 했었는데, 인기 최고인 연예인도 '안티'는 있다면서 세상 사람 모두가 자기를 좋아하는 건 불가능하다는 엄마의 말 덕분에 자신의 마음을 다잡을 수 있었다고 말해. 다현이는 그런 은유가 이상한 애는 아닐지도 모른다는 생각을 하면서 점점 가까워지는데, 다섯 손가락 멤버들은 은유와 친해졌다는 이유만으로 다현이를 은근히 따돌리며 말도 붙이지 않아. 하지만 다현이는 예전처럼 흔들리지 않았어. 자신의 상황을 부끄러워하지 않고, 외로움에 휘둘리지 않는 은유를 보면서 더 단단해졌거든. 다현이는 우선 나를 굳건히 세우자고 결심해. K-POP이 아닌 가곡이나 클래식을 들으면 어떠냐고. 체리새우 비밀 블로그에 자기의 마음을 쭉 적어놓고 당당히 공개하면서, 옳지 않은 것을 옳지 않다고 좀 따지면 어떠냐는 생각을 하는 거지.

'나더러 어쩌라고' 정신이 필요한 순간

다현이는 '아니면 말고', '나더러 어쩌라고' 정신으로 무장하며 당당하게 살아갈 채비를 시작해. 마치 체리새우가 이제까지 자신을 지켜주었던 껍질을 벗고 새롭게 태어나는 것처럼 말이야. 스스로를 인정하고 받아들이는 순간, 다현이는 자신을 존중받고 살아야 할 존재로 인식하게 돼. 영혼의 빈자리를 온전히 나로 채우겠다는 당당한 사람이 되지.

이 소설은 또래 사이의 관계 맺기에 집중한 이야기 같지만, 관계 맺기에서 가장 중요한 것은 상대방이 아니라 스스로를 파악하는 일임을 전달하고 있다는 생각이 들어. 나를 파악해야 진짜 '나'를 볼 수 있는데 우리는 익숙한 세계 속에서 익숙한 나만 보고 싶어 하잖아. 정작 나 스스로가 뭘 원하는지 잘 모르면서 말이야. 다른 사람을 이해하고 사랑하는 것보다 더 어려운 일이 뭘까? 어쩌면 나 자신을 객관적으로 바라보고, 속속들이 이해하며 사랑하려고 노력하는 일이 가장 힘들지 않을까? 엄격한 잣대로 나의 자존감을 꺾어버린 건 나 자신일지 몰라. 남들이 나를 오징어처럼 씹어봤자 나는 그냥 나거든. 내가 나를 미워하지 않고, 그들의 씹음에 가루만 안 되면 그만이지. 튼튼한 마음 근육을 한번 만들어보는 거야. 나를 괴롭히고 힘들게 하면서 자존감을 갉아먹는 사람들에게 휩쓸리지 말고, 다른 사람의 시선에 과도하게 에너지 낭비하지 말고! 스스로에게 집중하다 보면 모두가 타인의 들러리 대신 각자 인생의 주인공이 될 수 있을 거야. 게다가 책에서 우리 모두는 독립된 나무들이라고 말해. 각자의 뿌리와 기둥을 세우고 있으면서도 서로 햇살과 바람을 나눌 수 있는 존재가 친구 아닐까? 괜히 소외될까 불안한 마음에, 나라는 나무의 가지를 꺾는다거나 햇살을 가려버리려는 친구들에게 휘둘리기보다는, 단단하게 나의 기둥을 키워가는 데 집중해 보자. 그러다 보면 건강히 자신의 나무를 기르고 있는 친구를 만나게 될 거야.

인생에는 아싸와 인싸의 시간이 모두 필요하다!

우정에 관한 정신과 의사의 잠언을 담은 《파리의 정신과 의사 꾸뻬 씨의 우정 여행》(프랑수아 를로르, 이은정 옮김, 열림원, 2021)에서도 이런 말을 해. 페이스북에서 삼백 명과 친구 맺기를 했다고 정말 친구가 삼백 명 있는 건 아니라고. 게다가 너무 많은 친구와는 즐거움과 고통을 제대로 나누기가 어렵다고 말이야. 카톡의 친구 목록을 한번 봐봐. 스크롤은 끝없이 내려가는데 실제로 연락하고 있는 친구가 몇인지, 내가 힘들어 마음을 털어놓고 싶을 때 통화 버튼을 누를 수 있는 친구가 몇인지 말이야. 제일 친한 친구는 폭풍이 몰아쳐도 살아남는다고 했어.

내가 세상 모든 사람에게 멋있을 수는 없겠지만 한두 명에게라도 그런 존재감을 갖고 있다면, 지금 멋지게 살고 있다는 사실을 잊지 마. 물론 여럿이서 함께 모여 떠들고 목소리를 높이는 것이 멀리서 바라보면 부러울 수도 있지. 그러다 보면 그렇지 못한 나에게 불만을 가질 수도 있겠지. 하지만 우리의 인생은 모두 다르잖아. 그렇기에 누구의 삶을 따라 할 필요가 없고, 정답인 인생도 없어.

물론 혼자만의 힘으로 안 될 때도 있겠지. 그렇다고 '노력해

봤자 소용없어!'라며 부정적인 생각만 하는 건 아니지? 질풍노도의 시기에 너희들이 웃고 긍정적으로 하루하루 살아가는 모습 자체가 훌륭하다고 생각해. 어렵고 힘든 날도 있을 거야. 그건 너희들이 어리고 학생이어서가 아니야. 이 세상 모든 사람이 힘든 날을 겪으며 성장하니까 비관할 필요도 없고. 엄마 젖만 먹고 온종일 잠만 자고, 배변 활동만 잘해도 폭풍 칭찬을 받는 아기들에게도 분명 우리가 모르는 시련이 있을 거야?(그러니까 맨날 울겠지?)

그러니 지나치게 고민하기보다 따뜻한 차 한 잔을 마시거나, 산책을 하면서 나의 목소리에 좀 더 진지하게 귀 기울이는 아싸의 시간도 한번 가져봐. 인생에는 아싸와 인싸의 시간이 모두 필요하니까.

나와 다른 친구들이 이해되지 않을 때

세상을 보는 다양한 눈을 길러볼까

•

《곰의 부탁》, 《슈뢰딩거의 아이들》

예전에 인기를 끌었던 드라마 〈이상한 변호사 우영우〉에서는 천재적인 두뇌와 자폐스펙트럼 장애를 가진 변호사 '우영우' 가 주인공으로 나와. 자폐인이 변호를 받는 대상이 아니라 성 소수자, 탈북민, 장애인과 비장애인의 사랑 등 다양한 법정 사 건을 이끄는 주체라는 점이 꽤 신선했고 다양한 이야기들을 따뜻한 시선으로 그려냈다는 점과 장애가 있는 주인공을 도 와주는 주위 사람들의 모습은 시청자들의 마음을 사로잡았지. 나도 보면서 눈물 콧물 쏟은 적도 많았어. 사실 이 드라마가 인 기를 끌게 된 것은 그저 따뜻한 시선으로 감동만을 전달하는 것뿐 아니라 사회의 약자인 소수자들이 현실에서 경험하는 차별 등의 문제를 공론화하면서 사회적인 관심을 이끌어내어, 사람들이 잊고 있었던 소수자 인권의 소중함에 대해 일깨워주었기 때문이었어. 하지만 드라마였기에 가능한 이야기였고 현실은 그렇게 아름답고 훈훈하지만은 않아.

어느 날 대중교통으로 출근을 하는데 지하철이 한 곳에서 한참을 움직이지 않고 있었어. 알고 보니 장애인들이 이동권을 보장하라며 시위를 하는 중이었지. 출근 시간은 점점 가까워오고, 시위는 빠르게 끝날 것 같지 않고… 조급해지는 마음에 짜증이 나기 시작했어. 그리고 그날 점심시간에 동료 선생님들과 출근길 이야기를 나눴지. 그런데 한 선생님이 나에게 반대로 생각해 보라는 이야기를 하는 거야. 오늘 내가 겪은 불편을 장애인들은 매일 같이 겪었을 거 아니냐고. 그 말을 들으니 나도 모르게 입이 다물어지더라. 내가 오늘 그랬던 것처럼 많은 사람은 자신과 다른 취향이나 행동 등을 쉽게 용납하거나 이해하지 못하는 경향이 있는 것 같아. 최근 몇 년간 사회적으로 많은 것들이 변화하고 있다고 하지만 시간이 지나도 소수자들에 대한 차별이 줄어들지 않는 이유이기도 해.

그렇다면 우리는 왜 다수결로 결정되는 민주주의 사회에서 소수자의 목소리에 귀를 기울여야 할까? 이 물음에 대한 답을 찾기 위해서는 소수자들의 다양한 삶을 들여다보고 그들을 올바로 인식하고 그들의 상황에 공감하는 자세가 필요하다는 생각이 들었어. 그래서 오늘은 우리 주변에 어떤 소수자들이 있는지, 그들이 어떤 마음으로 어떠한 삶을 살아가고 있는지를 객관적으로 들여다볼 수 있는《곰의 부탁》과 존재하되 존재하지 않는 존재들의 이야기로 작가가 전하는 사회적 문제의식을 곱씹어 볼 수 있는《슈뢰딩거의 아이들》을 소개해 보려고 해.

함께 살아가는 세상에서
'함께'라는 말이 무안하게 느껴지는 이야기들

《곰의 부탁》은 성 소수자, 다문화 이주민, 난민, 배달 노동자 등의 이야기들이 담긴 단편소설집이야. 가벼운 듯 이야기하지만 결코 가볍지 않은 이야기들이며 우리가 알고 기억해야 하는 이야기이기도 해. 조금 더 구체적으로 말하면 쉽게, 편하게 이야기하기 조심스러워서 누구 하나 먼저 이야기하기 꺼릴 수 있는 쉬쉬하는 이야기들 말이야.

그 단편들 가운데 〈곰의 부탁〉은 서로를 좋아하는 곰과 양, 그리고 그들을 지켜보는 주인공의 이야기를 담고 있어. 평범한 이야기가 특별하게 전개되는 느낌은 바로 곰과 양의 동성애를 보여주고 있기 때문이지. 성 정체성은 타고난다고 생각하는 견해와 성장하면서 환경의 영향으로 결정된다는 견해가 팽팽한데 서로의 입장이 상충하다 보니 사람들은 타고난 성과 다른 성 정체성을 드러내면 사회적으로 '다른 것'이 아니라 '틀린 것'으로 판단하곤 해. 하지만 사랑의 본질은 다르지 않으며 세상에는 다양한 형태의 사랑이 존재한다는 것을 이해하면 좋겠다는 생각을 했어. 그렇다면 사회적 편견과 맞서면서 받게 될 그들의 상처도 조금은 치유될 수 있지 않을까.

배달 노동자들에 관한 이야기인 〈헬멧〉의 주인공 종민이는 피자집 배달 아르바이트에서 배달 앱 아르바이트로 자리를 옮기게 돼. 최저시급도 받지 못하던 피자집에서 더 많은 배달을 할수록 더 많이 돈을 벌 수 있는 배달 앱 라이더로 갈아탄 건데, 시간이 지나면서 돈을 많이 벌기 위해서는 속도가 무엇보다 중요하다는 걸 알게 돼. 같이 배달을 하는 친구들이 안전을 위한 최소한의 장치인 사이드미러를 떼버리기 시작하는 이유도 비로소 알게 되지. 사이드미러가 없어야 골목길에서 빨리 지나갈 수 있었고, 그럼 콜을 한 건이라도 더 받아 배달할 수 있었거든. 생존을 위해 위험한 아르바이트를 선택할 수밖에 없는 종민이의 상황과 그가 최저시급도 받지 못했던 피자집을 떠올리며 오히려 그곳에서 안전했음을 깨닫는 아이러니한 이야기를 접하며 배달 노동자들의 노동환경과 인권이 제대로 지켜지고 있는지에 대해 생각해 보게 되었어. 노동 시장에서 최소한의 사회 안전망이 제공되어야 한다는 생각도 들었지. 특히 종민이가 배달을 가기 전에 헬멧을 눌러쓰는 장면이 소설 초반 은주가 헬멧을 쓰라고 했을 때 돌대가리라서 안 깨진다고 말했던 장면과 대조되어서 마음이 아프더라. 스스로 보호하지 않으면 아무도 자신을 보호해 주지 않는다는 것을 알아버린 아이가 자신을 지킬 수 있는 최소한의 방법인 헬멧을 눌러쓰고 위험한 곳으로 다시 나가는 모습이라니.

〈람부탄〉은 타국에 모여 사는 아프가니스탄 불법 체류자 세 디게의 이야기야. 행복한 미래를 꿈꾸지만, 현실은 죽은 듯 숨어 살아야 하고, 종종 사람들에게서 답이 없는 인생이라는 동정을 듣는 '거부당하는 사람들'의 안타까운 삶의 면면을 볼 수 있지. 사실 우리는 잘 몰랐던 부분이지만 난민이나 불법 체류자 문제는 최근 우리 사회에서도 매우 뜨거운 감자야. 2021년에는 특별공로자 자격으로 아프간인 391명을 입국시켰는데 "난민 받지 말아주세요!"라는 청와대 청원이 2만 명이 되기도 했지. 아마 거기에는 그만한 이유가 다 있었을 거야. 하지만 그 합당한 이유를 생각하기 이전에 사람들의 시선에서 결코 자유롭지 못한 난민들에게 우리가 차별적인 시선을 가졌던 것은 아닌지 한 번쯤 생각해 볼 필요는 있어. 각기 상황과 처지가 조금씩 다름을 이해할 수 있다면 그들의 삶에 공감하기도 더 쉽겠지.

세상은 순식간에 나아지지 않아서 여전히 변방으로 밀려나는 아이들을 만나곤 합니다. 경계 위에 서 있는 아이들은 오늘도 불안을 견디며 걸음을 내딛습니다. 함께 살아남는 일이 이토록 어렵다면 그 많은 공부와 배움들이 다 무슨 소용일까요?

《**곰의 부탁**》(진형민, 문학동네, 2020, 191쪽)

함께 살아가는 세상에서 '함께'라는 말이 무안하게 느껴지는 이야기들을 하나씩 읽어나가면서 우리가 평소에 듣지 않으려 했던, 그저 보고 지나치고 싶었던 마음들을 하나씩 살펴보면 좋겠어. 그 마음들을 고스란히 간직하며 일상의 모습들을 다시 보기 시작하면 서로 다른 특성을 가진 사람들을 이해하고 따뜻하게 보듬으며 어울려 살 수 있는 사회가 될 수 있지 않을까?

존재하는 것을 부정할 때 그것은 폭력이 된다

'결국 똑같아요. 그렇게라도 해야 사람들이 알아줄 테니까. 그래야 뭐든 조금이라도 바뀔 테니까. 솔직히 선배들이 하는 것도 결국 그런 거잖아요. 복장 자율화 운동을 하고, 제피룸 따까리로 사람들을 만나고, 학당의 허점을 찾아 공개하는 것 전부 결국 세상에 대고 외치는 거잖아요. 우리 여기 있다고. 지금 여기에 우리가 있다고.'

《슈뢰딩거의 아이들》(최의택, 아작, 2021, 230쪽)

《슈뢰딩거의 아이들》은 증강현실프로그램이 상용화된 미래를 배경으로 한 이야기야. 학교 수업을 듣는 아이들을 헬멧을 쓰고 메타버스 같이 자신의 캐릭터를 만들어서 가상현실로 구현된 '학당'에서 수업을 들어. 단, 이 학교는 기술과 안전 문제 때문에 장애인 학생은 받아들이지 않는데, 제피룸 동아리 학생들이 배제된 장애 학생을 억지로 끌어들이고 싶어서 유령 오류를 만들어 장애 학생들에게도 교육의 기회를 제공하게 돼. 그런데 이상하게도 이 장애 학생들은 기존 학생들과 마주칠 수 없었어. 같은 좌표에 있지만 기술적으로 장애 학생과 기존 학생들을 분리했기 때문이었지. 그야말로 슈뢰딩거의 아이들('슈뢰딩거의 고양이'에서 따온 말. 존재함과 동시에 존재하지 않는 상태를 말할 때 쓴다.), 확인할 수 없고 존재조차 알 수 없는 유령 같은 학생들이 된 것이었어. 이 사실에 분개한 제피룸 일원들은 기존 학생들과 장애 학생을 만나게 하려고 시도하지만, 서버가 터져 학당이 셧다운 되는 사고가 생겨. 이 사건을 계기로 무작정 문제를 해결하려고 나설 것이 아니라 일반 학생과 장애 학생과의 격리가 사라지게 하기 위해서는 사람들의 생각이 바뀌어야 한다는 걸 깨닫지. 그래서 소수자는 상대적이라는 개념을 적극적이고 효과적으로 알리기 위해 〈수인과 정령〉이라는 증강현실 게임을 개발하기에 이르지. 수인은 "안 돼"를 나타내는 수어(수화)로 정령을 설득하고 정령은 "지금, 여기, 우리"라는 음성을 통해 수인을 설득하여 최후에 남은 1인이 우승자가 되는 게임이었어. 재미있는 게 뭔 줄 알아? 우승자인 최후의 1인은 정령들 중 단 하나의 수인이거나 수인들 중 단 하나의 정령으로 소수자의 고립을 맛보게 된다는 거야. 즉 소수자의 입장을 직접 경험해 보는 거지.

우리는 '장애인, 난민, 성 소수자'들을 '사회적 소수자'라고, '나'는 '소수자가 아니'라고 생각하기 쉽지만, 소수는 상대적인 개념이라 변할 수 있는 거야. 지금은 다수인 집단도 다른 시기, 장소, 상황에선 소수자가 될 수 있는 거지. 시작할 땐 수인이 소수에 속했을지라도 수인이 정령들을 모두 설득하여 정령이 한 명만 남게 되면 그가 소수자가 될 수도 있는 거잖아. 한 마디로 〈수인과 정령〉 게임은 우리가 처한 맥락에 따라 소수와 다수는 경계가 허물어지기 쉬우며 그래서 언제든지 입장이 뒤바뀔 수 있다는 것을 확인할 수 있게 도와줘. 또 그 입장을 직접 경험해 보면서 상대방이 상황에 공감하고 이해할 수 있게 되는 거야.

이 두 권의 책을 읽고 이야기를 통해서라도 우리 사회에 존재하는 다른 소수자들의 삶을 들여다보았으면 좋겠어. 그리고 이 두 가지를 기억했으면 해. 첫 번째는 그들의 다양성을 인정하지 못하고 갖게 되는 편견의 시선은 차별을 존속하게 하는 요인이 될 수 있다는 것. 즉, 존재하는 것을 부정할 때 그것은 폭력이 될 수 있다는 사실 말이야. 두 번째는 사회적 소수자의 문제는 그와 관련된 당사자의 인권에만 국한되는 것이 아니라 해당 사회 구성원들의 삶의 질에 영향을 줄 수 있는 중요한 사안이 된다는 것. 소수자의 인권이 존중될수록 그 사회는 개인의 다양한 행복 추구권을 인정한다는 것을 의미하니까 그들을 존중하는 사회라면 나의 행복도 존중받을 수 있지 않겠어? 어떠한 차별이나 편견 없이 개개인 모두가 행복해지는 그런 사회가 꼭 오면 좋겠어. 타인을 이해하고 그들의 상황에 공감하는 것은 어려운 일이지만 우리 조금씩 노력해 보자.

좋은 친구가 되고 싶을 때

진심이 통하는 친구가 되는 방법

•

《율의 시선》, 《동급생》

청소년 시기에 우정이라는 단어보다 소중하고 중요한 것이 있을까? 친구는 오랜 시간을 함께하며 추억을 나누고, 어렵고 힘든 일이 있을 땐 고민을 나누며 응원과 조언을 아끼지 않지. 또 서로 좋은 영향을 주고받으며 함께 성장해 나가. 이렇게 친구란 때로는 가족보다, 선생님보다 더 큰 영향을 미치는 귀중한 존재지.

하지만 친구와의 관계가 항상 좋기만 할까? 의견이 달라서 다툴 때도 있고, 오해가 생겨 서로를 미워할 때도 있어. 친구를 있는 그대로 신뢰하고 사랑하지 못하는 어려움에 빠질 땐 진정한 우정이란 무엇인지 고민하게 되지. 그래서 우리는 진심 어린 우정의 의미에 대해서, 좋은 친구가 되는 게 무엇인지에 대해서 생각해 볼 필요가 있어. 우정을 지키는 힘 말이야. 그래서 좋은 친구가 되고 싶을 때 읽으면 도움이 될 책들을 소개해 보려고 해.

첫 번째, 친구에게 북극성이 되어 주기

《율의 시선》의 주인공은 안율이야. 어릴 때 자신을 살리기 위해 횡단보도에서 아버지가 교통사고로 죽은 일 때문에 외상 후 스트레스 장애를 겪고 있어. 때문에 사람의 눈을 보지 못하고 항상 발을 바라보기만 해. 자신의 마음을 솔직하게 남들에게 보여주지 못하고 살지. 그런 율이 비 오는 어느 날 산책길에서 이도해라는 아이를 우연히 만나게 돼. 도해는 무심하고 이기적인 부모 밑에서 가정 폭력을 당하고, 쓰레기 집에서 방임에 시달리며 살아왔어. 게다가 도해는 반 아이들 사이에서는 괴짜라고 따돌림을 당하는 외톨이였지. 하지만 강하고 성숙했어. 옥상에서 하늘을 바라보는 것을 좋아하던 도해는 율에게 자신을 북극성이라고 부르라고 말해.

"왜 하필 북극성인데?" (중략)

"사실은 말이지, 북극성이라고 불리면 나도 빛날 것 같아서."

《율의 시선》 (김민서, 창비, 2024, 47쪽)

율은 처음엔 일반적인 기준에서 벗어난 듯한 도해가 이상하다고 생각했어. 하지만 신기하게도 도해는 율이와 대화가 잘 통했지. 도해 앞에서는 자신의 감정을 솔직하게 드러낼 수 있었거든. 율은 도해를 만날 때마다 다른 사람에게는 내보이고 싶지 않았던 자신의 상처가 떠올랐고, 그렇게 트라우마를 마주하면서 서서히 마음의 상처가 치유돼. 율은 평소 겉으로는 아무렇지 않은 척했지만 실은 많이 외로웠어. 마음을 닫고 고립을 택한 율이에게 도해의 응원과 진심 어린 위로가 마음의 빗장을 열어준 거야.

책엔 서진욱이란 친구도 나와. 반에서 공부도 운동도 잘하고 잘나가는 아이라고 생각했지만 실은 진욱이도 율이만큼 외로운 아이였어. 진욱이는 가난했고 아버지는 하루종일 휴대폰으로 축구 경기만 볼 뿐 그에게 무관심했지. 율은 우연한 기회로 진욱이의 가난으로 인한 열등감과 내면에 자리 잡은 깊은 아픔을 알게 되었고, 괜한 자존심 때문에 발목 부상을 방치하고 있는 진욱이를 도와줘. 또 진욱이의 아버지를 만나 이야기를 나누며 둘의 관계를 변화시키기 위해 노력하지.

친구들과 교류하며 율은 겉으로는 강해 보이고, 남부러울 게 없어 보이는 친구들도 저마다의 괴로움과 아픔을 가지고 있다는 사실을 알게 되고 타인의 시선이 궁금해져. 아래를 향하던 시선도 자연스럽게 점점 위로 올라가게 되지. 땅바닥만 쳐다보던 아이에서 친구의 눈을 바라보고 하늘의 별과 별자리를 쳐다보는 아이로 바뀌게 된 거야. 그리고 위로를 받기만 하는 것이 아니라 율 자신만의 방법으로 친구에게 되돌려 주는 모습을 보며 '친구에게 북극성이 된다는 것의 의미'를 깨닫게 되지.

"지금은 이런 생각이 들어. 삶은 고난의 연속이 아니라 극복의 연속이라고. 우리는 극복하며 살아가는 거야. 그 끝에 기다리고 있을 더 멋진 나를 위해. 그러니까 포기하면 안 돼. 포기하면 아무것도 변하지 않아."

《**율의 시선**》(김민서, 창비, 2024, 207쪽)

북극성은 밤하늘에서 가장 반짝이는 별이야. 그래서 옛날부터 길잡이 역할을 했다고 해. 소설 속에서 도해가 율이에게 자신의 감정을 솔직하게 들여다볼 수 있는 북극성이 되어 주었

듯, 이 책을 읽어보며 주위의 친구들에게 서로가 그런 존재가 되어주려고 노력했으면 좋겠어. 바로 지금이 서로의 위로나 공감이 필요한 시간이니까.

두 번째, 편견에서 벗어나기

"주변 사람을 테스트할 수 있는 책. 이 책을 누군가에게 선물했는데 만약 싫어한다면 그냥 깨끗하게 절교해라. 아니면 경찰에 신고하든지."

유쾌하면서도 호기심을 끌어당기는 작가이자 저널리스트인 사라 페리가 추천한 책이 있어. 진정한 우정에 대해 생각하게 만드는 책이고 감동까지 선물하는 책이지. 프레드 울만이 쓴 《동급생》이야.

《동급생》의 주인공 한스는 처음 전학을 올 때만 해도 친구가 하나도 없었어. 한스가 생각하는 우정의 로맨틱한 이상형(예술과 철학, 그리고 신에 대해 토론하고 좋아하는 시를 함께 낭송할 수 있는 우정)을 충족시킬 만한 아이가 한 명도 없었거든. 그런 한스가 자신이 생각하던 우정의 이상형에 너무나도 딱 들어맞는 콘라딘을 만나게 돼.

콘라딘과 대화를 나눈 후, 한스는 너무 설레어 밤에 잠을 이루지 못하지. 혹시라도 콘라딘이 자신을 잊어버리거나 이야기 나눈 것을 후회하면 어떡하지? 좀 더 조심스럽게 대해야 했던 건 아닌지, '금사빠'처럼 온갖 고민에 빠진 한스의 모습을 보고 있으니 좀 낯설게 느껴지더라. 또 상대가 너무 소중하고 사랑스러워서 어쩔 줄 모르는 한스를 보고 있자니 나에게는 그런 친구가 있나 싶어서 갑자기 부러워지기도 하는 거야. 사소한 일들에 설레는 방법을 잊어버린 우리가 과연 어떤 마음으로 친구를 대하는지 다시 한번 돌아보게 되더라고.

아마 그때부터 한스는 '나는 콘라딘을 위해 기꺼이 죽을 수도 있을 거야'라고 생각했을 것이고, 콘라딘도 한스의 믿음이나 자기희생이 부담스러워 내치기보다 깊은 우정 그대로를 받아들였을 거야. 이 둘의 만남을 천생연분이라고 해두자.

어머니는 유대인을 혐오해. 유대인을 한 사람도 만나 본 적이 없으면서도 그들을 두려워해. 만일 어머니가 죽어 가고 있는데 살려 줄 수 있는 사람이 네 아버지 하나뿐이라고 해도 어머니는 그분을 집 안으로 들이지 않을 거야. 너를 만나 보겠다는 생각 같은 것도 절대로 하지 않을 거고. 어머니는 너를 경계하고 있어. 유대인인 네가 자기 아들을 친구로 삼았다는 이유로.

그리고 내가 너와 함께 있는 게 남들 눈에 띄는 걸 호엔펠스 가문의 오점이라고 생각해.

《동급생》(프레드 울만, 황보석 옮김, 열린책들, 2017, 118쪽)

한스와 콘라딘이 순수한 우정을 지키기에는 당시 시대 상황이 가혹했어. 이 책의 배경이 되는 1930년대는 히틀러와 나치즘이 대두되던 시기였거든. 한스의 부모는 유대인이었고, 콘라딘의 부모는 유대인을 경멸했어. 사회와 어른들의 갈등은 콘라딘이 우연히 마주친 한스에게 "안녕, 한스"라는 인사마저 건네기 힘들게 만들어. 그래서 독일을 당연히 조국으로 생각하는 유대인이라 해도 히틀러 앞에서는 그저 '미개한' 유대인일 뿐이었어. 콘라딘은 한스를 모른 척 지나치고, 한스는 배신감을 느끼지. 가장 친하다고 생각했던 친구가 어머니의 신념 때문에 자신을 무시했으니까. 아마 그 누구보다 서로에게 소중한 존재였기 때문에 이런 감정도 갖게 됐겠지. 슬프고 화나는 장면이었어. 하지만 결말에 이르러서야 콘라딘과 한스가 얼마나 그들의 우정을 지키고 싶어 했는지 알 수 있었어. 두 사람은 목숨을 걸지언정 어른들과 세상이 만든 갈등에 굴하지 않는 선택을 하거든.

세 번째, 진정한 우정은 사랑과 진심에서부터

편견으로부터 자유로운 어린 시절을 한번 생각해 볼래? 우리는 그때 어떤 친구와도 잘 어울렸어. 다문화가정의 친구든, 장애가 있는 친구든 상관없이 말이야. 하지만 점점 자랄수록 성적에 따라, 사는 곳에 따라, 외모에 따라 편견을 갖고 친구를 가려 사귀기 시작해. 어느 순간부터는 우리 스스로가 편견 속에 갇히게 되는 것 같아.

영어 단어인 '프렌드(friend)'는 라틴어의 '프라이(fri)', 즉 '사랑하다'에서 비롯되었다고 해. 프렌드라는 단어의 유래처럼 우리가 진정한 우정을 나누기 위해서는 한스처럼 친구를 향한 사랑과 진심이 필요하다고 생각해. 진심이 있을 때만 서로에게 마음을 열고 진정한 대화와 우정을 나눌 수 있어. 그리고 대화와 경청, 배려가 반복되면 관계에서 기쁨을 얻고 진정한 우정을 나눌 수 있을 거야.

다음 몇 달 동안은 내 삶에서 가장 행복한 나날들이었다. 봄이 와서 온 천지가 벚꽃과 사과꽃, 배꽃과 복숭아꽃이 흐드러지게 어우러진 꽃들의 모임이 되었고 미루나무들은 그 나름의 은빛을, 버드나무들은 그 나름의 담황색을 뽐냈다. 슈바벤의

완만하고 평온하고 푸르른 언덕들은 포도밭과 과수원들로 덮이고 성채들로 왕관이 씌워졌다. 그리고 높다란 박공식 공회당이 있는 작은 중세 마을이며 그런 마을의 분수대들.

《동급생》(프레드 울만, 황보석 옮김, 열린책들, 2017, 56쪽)

한스가 처음으로 마음이 잘 맞는 친구 콘라딘을 만나서 함께 여행을 가는 장면이야. 영혼의 단짝을 찾은 한스는 매일 봐왔던 평범한 꽃들이 모임을 하는 것처럼 느끼고, 세상 모든 것이 아름답게만 보이지.

《동급생》은 한 사람이 가질 수 있는 우정이 자신과 가족, 그리고 시대까지 뛰어넘을 수 있다는 사실을 잘 보여줘. 서로를 소중하게 여길 수 있는 마음의 준비만 되어 있다면 우리도 충분히 좋은 친구가 될 수 있을 거야. 일상을 특별하게 만들어주는 귀한 존재이자, 내 주변 친구들에게 정말 좋은 인생의 친구가 되기 위해 어떻게 해야 할지 이 책들과 시간을 함께하면서 생각해 보면 참 좋을 것 같아.

너 들었어?
우리 반 ○○는 여자친구가 생겼대.
어제 옆 반 △△는 축구를 하다가
창문을 부수고….

흠. 나도 다 알지.
좋은 친구가 되려면
잘 들어줘야 한다는데,
하, 언제까지…?

3장

나도 내가 낯설 때,
사춘기를 건너는 응급 처방전

1

공부 의욕이 1도 없을 때

왜 공부해야 하는지부터 생각해 볼까

•

《이토록 공부가 재미있어지는 순간》,《십 대를 위한 공부 사전》

언젠가 MBC에서 대한민국의 다양한 나이대의 사람들에게 물었대. "당신의 인생에서 가장 후회되는 일은 무엇입니까?" 방송사의 취지는 다양한 연령대 남녀에 따라 인생에서 어떤 일을 후회하는지 확인해서 다양한 콘텐츠로 방송을 만들려던 것이었는데 아주 재밌는 결과가 나왔어. 세대와 남녀를 막론하고 학교 다닐 때 열심히 공부하지 않은 것을 인생에서 가장 후회한다고 말한 거야. 당시에는 정말 하기 싫은데 지나고 나면 후회되는 게 바로 공부라는 게 증명된 순간이었지. 아마 너도 '공부를 하긴 해야 할 텐데….' 라는 알 수 없는 의무감이나 불안감을 갖고 있을 거야. 고민 자체가 지금의 상황이 너무 힘들다는 마음의 표현이기도 하겠지. 오늘은 이렇게 공부로 지친 마음을 위로하면서 '공부를 피할 수 없다면' 즐길 수 있도록 마음을 다지고, 더 나아가 공부를 잘할 수 있는 방법을 살짝 귀띔해 주는 책을 소개해 보려고 해. 바로 《이토록 공부가 재미있어지는 순간》,《십 대를 위한 공부 사전》이야.

공부하기 전에 동기부여부터

《이토록 공부가 재미있어지는 순간》의 저자는 집 근처에 학원 하나 없고 사방이 산과 바다로 둘러싸인 시골에서 학창 시절을 보냈대. 중학교 때까지 아무것도 하지 않고 멍 때리거나 TV만 보는 등 자신을 잉여 인간이라 칭하며 공부와는 담을 쌓고 지낸 거지. 그러다 다른 친구들이 중2병에 걸려 허우적거리는 모습을 보곤 '나 지금 뭐 하고 있는 거지?' 하는 생각이 번뜩 들었다는 거야. 그때 태어나 처음으로 자신의 인생에 대해 고민하기 시작했다고 해. 하지만 그가 살던 촌구석에는 우리가 상상하는 반전의 드라마를 쓸 뾰족한 방법이 없었대. 공부 말고는. 그래서 그때부터 공부하는 '이유'와 '의미'에 대해서 진지하게 생각해 보았고, 한 번밖에 없는 귀한 내 인생에 미안하지 않도록 제대로 공부를 시작해 보기로 한 거야.

공부할 마음이 '있느냐, 없느냐'의 차이는, 내 인생을 놓고 치열하게 '고민해봤느냐, 안 해봤느냐'에서 비롯되거든요. 앞으로 80년도 넘게 펼쳐질 '한 번뿐인 내 인생'에 대해 말입니다.

《이토록 공부가 재미있어지는 순간》(박성혁, 다산북스, 2015, 77쪽)

내 인생에 대한 고민이라는 건 바로 "내가 왜 공부를 해야 할까?"라는 질문과도 일맥상통해. 공부를 왜 해야 하는지, 무엇 때문에 지금보다 조금 더 잘하고 싶은지 내 마음을 들여다보라는 얘기야. 그럼 내 목표가 뭔지 결국 어떤 인생을 살고 싶은지에 대해 좀 더 심도 있게 생각해 볼 수 있는 거야. 목표가 구체적이면 좀 더 적극적으로 행동하게 되지. 어렸을 때 부모님과 이런 류의 거래, 해본 적 있지 않아? "엄마, 이번 시험에서 성적이 오르면 최신형 핸드폰(게임기 or 운동화)을 사 주세요!" 그때는 누가 시키지 않아도 알아서 책상에 앉게 되고 잘 해내고 싶은 마음이 들잖아. 그런데 막연하게 '좋은 대학에 가려고'나 '부모님이 원하시니까'와 같은 목표는 솔직히 마음에 와닿지도 않고, 아무 목적 없이 다른 사람이 시켜서 하는 공부라서 금방 지치고 하기 싫기 때문에 어떠한 발전도 하지 못하는 거지. 그래서 공부를 하기 전에는 내 마음부터 살펴봐야 하는 거야. 난 어떤 사람이 되고 싶은 걸까. 그러려면 어떻게 해야 할까. 그런 생각을 찬찬히 하다 보면 공부에 대한 동기부여를 제대로 할 수 있지.

"공부를 잘하면 뭐가 좋을까?"라고 질문해 보면 친구들은 좋은 대학에 갈 수 있다거나 좋은 직업을 가질 수 있다는 대답을 하곤 해. 그런데 저자는 좀 달랐어. 공부의 핵심은 내 인생을 성장시킨다는 거지. 사실 성적으로 등급을 매기고 줄을 세우는, 결과로 모든 것을 평가하는 사회라서 '공부'에 회의적일 때도 있잖아. 그래서 홧김에 '그냥 포기해 버릴까' 생각해 본 적도 있었을 거야. 하지만 공부는 단순히 우리가 지식을 머릿속에 넣어 1등급의 결과를 받는 과정이 아니라 지금 너에게 닥친 문제를 이해하고 해결 방법을 생각하고 최선을 다해 노력하는 자세를 배우는 것이기 때문에 사실 정말 중요해. 공부해 본 경험을 통해 앞으로 내가 스스로 할 수 있는 능력이 있고 가치가 있다는 것을 깨닫게 되거든. 이것을 바로 자기 효능감이라고 하는데 단순히 점수로는 자기 효능감을 느낄 수 없지만 실패하기도 하고 또 다시 앞으로 나아가기 위해 노력하는 과정에서 자기 효능감은 최대가 된대. 그러면 어떤 일이든지 자신감 있게 임할 수 있고, 실패하더라도 나 자신을 믿기 때문에 절대로 포기하지 않게 되지. 네가 경험할 어려운 일들을 잘 이겨낼 수 있고 네가 하고 싶은 일을 더 잘할 수 있게 되기도 하고. 그렇게 고군분투하면 당연히 좋은 결과로 이어질 수밖에 없겠지? 이게 바로 우리가 공부를 해야 하는 이유인 거야.

그러니 그동안 내가 왜 공부해야 하는지 그 이유를 몰라 방황하고 답답해하고 있었다면 이 책을 통해 내 마음을 한번 들여다보고 자신에 인생에 대해 고민해 보는 시간을 갖길 바랄게. 왜 해야 하는지 그 이유를 잘 들여다볼 수 있는 사람만이 자신을 성장시킬 수 있으니까.

인지심리학에 의한 자신만의 공부법 찾기

《이토록 공부가 재미있어지는 순간》으로 공부에 대한 동기부여를 했다면 이제 어떻게 하면 공부를 잘할 수 있을지, 나에게 딱 맞는 공부법을 알아볼 차례야. 그런 공부법이 존재하냐고? 《십 대를 위한 공부 사전》의 저자인 김경일 교수는 인지심리학이라는 과학적 접근을 통해 인간의 특성을 먼저 파악하고 그 행동을 왜 해야 하는지, 왜 그 방법이 효과가 있는 것인지

등의 구체적인 이유나 근거를 설명해 줘. 공부를 잘할 수 있는 환경을 만드는 방법에 대해서 말이야. 예를 들어 공부에 라이벌이 도움이 되는지, 멀티태스킹은 정말 효과가 있는지, 공부를 해도 성적이 떨어지는 이유나 싫어하는 과목 극복법 등 우리가 공부에 관한 궁금했던 다양한 키워드를 골라서 잔소리를 해줘. 사실 평소라면 이런 잔소리는 너무 듣기 싫잖아. 그런데 이상하게 이 저자의 잔소리는 피가 되고 살이 되는 느낌이 들어. 아마도 어린 시절 고2 때까지 테니스 선수 생활만 했던 그가 공부를 갑자기 시작하면서 겪었던 시행착오를 토대로 '무조건 이렇게 하는 게 능사'라는 식으로 진부하게 말하는 것이 아니라서 그럴지도 몰라.

매년 습관처럼 한 해 계획을 세우지만 또 습관처럼 지키지 못한다. 이는 단지 의지의 문제가 아니다. 애당초 '지키기 힘든 계획'을 세웠기 때문이다. 지키기 힘든 계획은 대체로 목표와 계획을 혼동했을 때 나타난다. 이 같은 현상을 '계획 오류'라고 한다. 다시 말해 계획 오류란, 목표를 세워 놓고 그것을 계획이라 착각하는 것을 뜻한다.

《십 대를 위한 공부 사전》(김경림, 다림, 2018, 18쪽)

한 달 뒤에 중간고사가 있다고 생각해 보자. 그러면 우리는 계획을 세우겠지? 그런데 우리는 계획과 목표를 혼동한다고 해. 책에서 등장하는 영수 학생의 계획을 보면 '하루 4시간 공부하기', '작년보다 반 등수 10등 이상 올리기' 등인데 이런 것들은 계획이 아니라 목표에 해당하는 거거든. 계획은 이보다는 훨씬 더 구체적이고 세부적이어야 한다는 거야. 예를 들면 4시간을 1시간은 국어, 1시간은 영어, 2시간은 수학 이런 식으로 세분화해야 한다는 거지. 또 여기에서 국어는 지문 3개, 영어는 지문 5개 이런 식으로 계획을 세우면 자신이 세운 계획 가운데 무엇을 해내고 무엇을 하지 못했는지 한눈에 알 수 있기 때문에 다음 날 '전날은 이 부분이 부족했으니까 오늘은 더 꼼꼼하게 신경을 써야지.'라고 자기반성을 할 수 있다는 거지. 그럼 어제보다 더 나은 오늘이 될 수 있겠지.

책에서 저자는 여러 좋은 공부법을 제안하기도 해. 특히 친구들에게 설명해 주는 공부법을 "사람은 말하는 것을 믿고, 말하는 것을 기억한다."는 토리 히긴스의 말을 인용하며 소개하기도 해. 그저 흘러간 내용으로 기억 저편으로 사라졌을 것들이 누군가와 말로 나누었을 땐 기억에 남는다는 거지. 게다가 설명을 하다 보면 '내가 안다고 생각했지만 실은 모르고 있는 사실'에 대해 깨닫게 된다는 점도 있어. 바로 메타인지(자신의 생각을 판단하는 능력)를 키울 수 있다는 거지. 학습에서 아주 중요한 능력으로 거론되는 메타인지는 요즘 갑자기 생긴 개념은 아니야. 논어에서 공자가 "知之爲知之 不知爲不知 是知也(지지위지지 부지위부지 시지야)" 즉 "아는 것을 안다고 하고 모르는 것을 모른다고 하는 것, 그것이 곧 앎이다."라고 말한 것이나 그리스의 델포이 신전 안 기둥에 새겨져 있는 글귀인 "γνῶθι σεαυτόν(그노티 세아우톤)" 즉 "너 자신을 알라."는 말을 여러 번 소크라테스가 인용했던 것을 본다면 동서양을 통틀어 예전부터 배움에 있어서 메타인지는 아주 중요한 개념이었던 거야. 사실 누군가의 앞에서 잘 모른다는 것을 깨닫게 되면 부끄러움을 느낄 수도 있어. 그래서 모르는 것을 모른다고 말하지 못했을 때도 있었을 거야. 나 자신에게도 숨기고 싶고. 수치심이 메타인지를 압도해 버리는 순간이 오는 거지. 하지만 공부는 갈수록 태산이고 틀리는 경험 자체가 나를 성장시키는 것이기 때문에 우리는 모르는 것 앞에서 부끄러워할 필요가 없어. 실은 더 많이 몰라야 할지도 몰라. 그러니 친구들이 모르는 문제를 물어보면? 지금 나는 엄청난 성장을 하고 있구나 하고 즐거운 마음으로 설명해 주면 돼. 만약 모르면? 그럼 공부해서 알면 되지 뭐.

‘이미 늦었고 어차피 난 틀렸어.’라고 생각한 적 많았지? 나는 네가 이 두 책을 통해 공부는 단거리 달리기가 아니라 장거리 달리기이니까 너무 조급해할 필요 없다는 위안을 받았으면 좋겠어. 그리고 실질적인 공부법 조언을 통해 나를 위한 나만의 공부 방법과 최적의 환경을 고민해 보는 기회가 되길 바랄게. 그리고 잊지 마! 지금 네가 하는 공부는 말야, 그저 단순히 결과를 위한 것이 아니라 너의 멋진 인생을 위한 한 부분이라는 것. 그러니 한순간도 포기하지 마! 지금 이 순간 “그래! 나도 잘할 수 있을지도 몰라!”라는 마음이 들었다면? 이미 반은 성공인 셈이니까 힘내보자!

외모에 대한 스트레스로 힘들 때

무엇보다 중요한 건 나만의 특별한 매력

•

《플라스틱 빔보》,《절대로 예쁠 리가 없잖아!》

최근 사회관계망서비스(SNS)에 '#학생이겪는코르셋'이라는 해시태그가 등장했어. 바로 '탈코르셋'과 연결된 해시태그인데, 탈코르셋은 '보정속옷을 뜻하는 코르셋을 벗는다'는 의미야. 말 그대로 외모를 중시하는 사회에서 벗어나겠다는 뜻이래. 사회가 규정짓는 여성의 성 역할에 항거하겠다는 거지. 그래서 긴 머리를 자르거나 화장을 지우고 브래지어를 하지 않는 모습도 많아지고 있대.

처음에 '탈코르셋'이라는 단어가 등장했을 때만 해도 20대 여성에게 국한된 페미니즘 용어가 아닐까 싶었는데 '#학생이겪는코르셋'이라는 해시태그의 내용을 보니 10대 학생들도 화장한 얼굴, 긴 머리, 날씬한 몸매 등의 코르셋에서 자유롭지 못했음을 알게 되었지. 결막염에 걸려도 렌즈는 꼭 끼고, 가벼운 기초화장 수준이 아닌 아이라이너에 립스틱까지 풀메이크업을 하고 학교에 온대. 화장을 안 하는 날에는 민낯이 부끄러워서 마스크로 얼굴을 가리는 것도 일상다반사고 말이야(난 요즘 마스크 하는 학생이 유독 많아서 미세먼지 때문인 줄로만 알았지 뭐야).

유튜브에서 '초딩 메이크업'을 검색하면 약 3만 개의 관련 영상이 뜨고, 그중에서도 인기 있는 콘텐츠는 '학교 가기 5분 전 메이크업'이라고 해. 외모 꾸미기에 열중하는 유튜브 콘텐츠뿐만 아니라 학생들이 어린 시절부터 날씬한 몸에 대한 강박이 생겨서 섭식장애까지 겪고 있다는 기사도 본 적이 있어. 왜 우리는 이렇게 불편하고 힘든 일인데도 남의 시선을 의식해 억지로 꾸미며 살아가는 걸까?

더 나은 외모를 갖고 싶은 건 누구에게나 당연한 욕구야!

《플라스틱 빔보》의 주인공 강혜규는 만화 주인공 뮬란을 닮은 외모로 강뮬란이라는 별명으로 불리는, 근자감 높은 성형

반대론자였어. 그런데 우연히 안와골절 사고를 당한 이후 별다른 문제 없이 상처가 아물었음에도 불구하고 자신의 얼굴이 이상해 보이기 시작했고, 자존감이 떨어지면서 성형에 대해 조금씩 관심을 갖기 시작하지. 마침 혜규의 언니 혜윤이도 명문대 언론정보학과 출신의 엄친딸임에도 불구하고 아나운서 시험에 여덟 번이나 떨어진 이유를 외모 탓으로 생각해서 성형수술을 하기로 마음을 먹은 상태였어. 혜규는 성형수술을 원하는 친구들을 모아 성형수술 정보도 나누고 공동구매로 할인도 받기 위해 인터넷 카페를 만들게 되지. 카페 이름은 플라스틱 빔보. 성형수술을 뜻하는 플라스틱 서저리(plastic surgery)와 머리가 텅 빈 미녀라는 뜻의 빔보(bimbo)를 합쳐 만든 이름이었지.

처음에는 성형외과에 무료상담도 받고 성형 동지들을 모으고 부모님 몰래 알바도 하면서 예뻐지는 길에 조금씩 가까이 다가가고 있는 것 같았어. 하지만 이후 엄청난 사건들이 몰려들지. 혜규가 좋아했던 미술 선생님 노댕쌤이 실은 성형 미남임이 밝혀지고 성형외과 브로커라는 소문까지 돌면서 학교를 그만두거든. 자연 미인이라고 알려진 아이돌 배우 리샤는 연예계에 데뷔하기 위해 쌍꺼풀, 코, 턱 수술을 했다는 게 밝혀지기도 해. 게다가 리샤는 양악 수술이 잘못되어 잠잘 때 입이

살 빼는 걸론 부족해.
성형을 해야 할까?
choi_□△○
Like 7,602,100

다물어지지 않고 음식을 씹지 못해서 재수술을 받다가 사망에 이르지. 사실 누구보다 성형수술의 위험성과 부작용, 중독성을 잘 알고 있었던 리샤는 양악을 마지막으로 다시는 성형을 하지 않기로 결심하고, 청소년의 성형수술을 반대하는 안티 플라스틱 운동을 할 계획이었다는 점이 더욱 안타까움을 자아내.

사실 혜규는 리샤가 중태 상태일 때에도 성형수술 사고에 대해 별생각이 없었어. 그랬기 때문에 성형수술 중 사고는 실제로 많이 일어나지도 않고 안타깝지만 리샤의 경우에는 재수가 없었던 것 같다는 인터뷰를 하기도 하지. 하지만 리샤의 사망 기사와 함께 올라온, 리샤가 양악 수술을 받기 전날에 쓴 일기를 읽으면서 가슴이 먹먹해져.

성형수술은 물귀신이다. 꼬리에 꼬리를 문다. 왜? 한 번 시작한 다음엔 도저히 멈출 수 없으니까. 쌍꺼풀 수술은 코 수술을, 코 수술은 입술 수술을, 입술 수술은 양악 수술을 끌어들인다.

《플라스틱 빔보》(신현수, 자음과모음, 2015, 148쪽)

한 번 성형에 빠지면 멈출 수 없다며 후회하는 리샤의 진심을 알게 된 후, 혜규는 성형수술을 할지 다시 고민하게 돼. 결정적으로 좌담회에서 김정미 박사님이 성형수술의 위험성에 대해 설명하는 것을 듣고 성형수술을 하지 않기로 결심하지. 그리고 '본맹청청(본판유지를 맹세한 청소년들의 모임)'이라는 모임에 참여해 리샤 대신 청소년의 성형수술을 반대하는 '안티 플라스틱' 운동을 시작해.

"흔한 그림, 독창성 없는 그림은 죽은 그림이다. 예술도, 인생도, 독창성과 개성을 잃으면 아무것도 아니다."

《플라스틱 빔보》(신현수, 자음과모음, 2015, 37쪽)

마음만 먹으면 예뻐질 수 있는 환경, '기왕이면 다홍치마'를 선호하는 사회적인 압박. 외모가 하나의 스펙이 되어버린 세상에서 혜규나 리샤처럼 성형을 통해 좀 더 나은 외모를 갖고 싶은 건 아마 누구에게나 당연한 욕구일 거야. 그리고 사실 외모가 그 사람의 인생에 미치는 영향을 무시할 순 없어. 성형으로 콤플렉스를 해결해 자신감을 되찾게 되는 긍정적인 측면도 있으니까 성형이 무조건 나쁘다고도 할 수 없지. 하지만 성형을 너무 쉽게 미용의 목적으로만 인식하는 건 문제라고 생각해. 작다고 할지라도 성형은 엄연한 수술이며 생각보다 아주 큰 위험을 동반한다는 사실을 책을 읽으며 생각해 보았으면 해. 그리고 예술도 인생도 독창성과 개성을 잃으면 아무것도 아니라는 노댕쌤의 말처럼, 남들이 정해놓은 미의 기준에 맞춰 사는 것이 과연 옳은 것인가에 대해서도 생각해 보는 시간을 가지길 바랄게.

예쁜 것이 아닌, 나만의 특별한 매력을 찾아봐

《절대로 예쁠 리가 없잖아!》는 여름방학이 끝나고 시작될 학교 축제에서 하게 되는 연극 〈물의 정령 온딘〉의 주인공 역을 두고 오디션을 치르며 일어나는 이야기를 배경으로 하고 있어. 여자 주인공인 '온딘'의 역할을 두고 반에서 제일 예쁜 미애, 자신이 못생겼다고 생각하는 봉화, 자기가 평범하다고 생각하는 현정, 이 세 사람이 오디션을 치르게 돼. 멋진 남자 주인공 역할에 이어 여자 주인공도 외모가 훌륭해야 한다는 분위기가 조성되자 반 아이들은 세 사람의 외모를 비교하기 시작하지. 그 과정에서 봉화와 현정이는 자신감이 바닥으로 떨어져. 몇몇 친구들이 아무리 두 사람의 매력을 칭찬해도 절대로 예쁠 리가 없다며 그 말들을 부인해.

그러다 오디션 전날 봉화는 자신의 어렸을 적 사진과 영상을 보게 돼. 남들과 외모 비교 따위 하지 않고 항상 자신감이 넘치고 행복했던 그때, 봉화는 늘 웃고 있었어. 봉화는 그제서야 미애를 따라 아름다운 온딘을 연기하려는 자신에게 친구 명랑이가 건넸던 조언의 의미를 깨달아. 남을 좇는 것이 아니라 본인이 잘하는 것을 보여주는 게 중요하다는 말. 결국 봉화는 아름다운 온딘이 아닌 자신만의 온딘을 보여주기 위해 준비하고 통통 튀는 매력을 보여주며 친구들로부터 큰 호응을 얻지. 그 모습을 본 현정이 역시 자신만의 온딘을 연기하기로 마음먹어.

"아……! 나한테는 나만의 삶이 있었는데 왜 다른 사람만 부러워 했을까? 나에게도 내 삶이 있었어!"

《절대로 예쁠 리가 없잖아!》(이명랑, 애플북스, 2021, 143쪽)

보티첼리의 그림 〈비너스의 탄생〉에 나오는 비너스는 지금의 미인형과는 거리가 멀어. 무쌍에 8등신 몸매도 아니야. 게다가 살집은 두툼해서 혹자로부터는 "당장 살부터 좀 빼고 모델을 합시다!"라는 말부터 들을 것 같은 느낌이지. 믿기 어렵겠지만 비너스는 당시의 미인상을 그대로 반영한 거래. 중국에서는 발이 작은 여자가 아름답다고 여겨 세 살 때부터 여성의 발을 천으로 꽁꽁 동여매어 성장을 멈추게 하는 전족이라는 풍습이 있었어. 약 10센티미터의 발이 가장 이상적이었대. 게다가 전족을 하면 발끝으로 종종거리며 걸었고 서 있는 자세도 이상했는데 이런 모습이 당시에는 인기 있는 여성상이었고 전족을 하지 않은 여성들은 미인 축에 끼지도 못했을 뿐만 아니라 결혼조차 하기 힘들었다는 거야.

이쯤 되면 어떤 생각이 들어? 맞아! 미의 기준은 절대적인 것이 아니라 상대적이라는 거야. 그러니까 근본적으로 사회가 정해놓은 미의 기준에 맞춰 자신을 평가하고 타인과 비교하며 스스로를 억지로 바꾸려 하거나 얽매일 필요가 없는 거지. 그저 자신만의 기준을 정해 그 기준에 맞춰 즐겁게 사는 게 중요한 거야. 획일화된 미의 기준! 그게 답도, 법도 아닌데 왜 꼭 따라야 해? 각자 다양한 개성을 존중하며 나 자신을 찾아가는 것이 훨씬 더 중요한데 말이야.

명랑이가 말한 '매력'이 바로 이런 거였을까? 단점 같은 건 눈에 들어오지도 않을 만큼 누군가를 빛나게 만드는 거?

《절대로 예쁠 리가 없잖아!》(이명랑, 애플북스, 2021, 165쪽)

예전에 취업포털 사람인이 기업 372개사를 대상으로 '지원자의 외모가 채용 평가에 영향을 미치는지'에 대해 조사한 적이 있었어. 어떤 결과가 나왔는지 알아? 절반 이상(55.6%)이 영향을 미친다고 답했지. 그 이유를 물으니 '자기 관리를 잘할 것 같아서'(55.1%, 복수응답), '고객 거래처와 대면 시 유리할 것 같아서'(43%), '대인관계가 원만할 것 같아서'(30.4%), '자신감이 있을 것 같아서'(21.3%)라고 답했대. 실제로 최근에는 한 음료 체인점이 구인·구직 사이트에 여성 아르바이트생을 채용하는 공고를 내면서 "외모에 자신 있는 분만 연락주세요. 다른 일 안 하고 계산만 하시면 됩니다."라고 기재하고 시급도 통상적인 금액보다 많은 액수를 제시하면서 논란이 되었지. 네가 말한 것처럼 우리 사회는 획일화된 미의 기준으로 사람을 평가하고 차별하는 외모지상주의가 극심해지고 있어. 그러니 남들과 비교했을 때 조금 못생긴 것 같은 내가 부끄럽기도 하고 수술로 아름다운 외모를 갖고 싶은 건 당연한 마음인 것 같아.

하지만 외모보다도 중요한 게 있다는 거 알고 있니? 바로 매력이야. 매력은 말 그대로 사람의 마음을 사로잡아 끄는 힘으로 예쁘고 못나고를 뛰어넘는, 비교할 수 없는 그 사람만의 반짝임이거든. 그러니 만약 너에게 단점이라고 생각되는 게 있

다면 괴로워하고 부끄러워할 게 아니라 봉화가 자신만의 온
딘을 연기한 것처럼 단점을 커버할 정도의 매력을 키우면 되
는 거야. 누군가의 첫인상이나 호감은 외모에서 결정되는 것
이 아니라 각자의 매력을 얼마나 잘 알고 그것을 돋보이게 하
느냐에 달려있거든. 물론 살면서 남을 의식하지 않고 나만의
매력을 발산할 수 있는 것은 어려운 일이지만 소설 속 현정이
와 봉화를 만나 위로를 받고 용기를 얻어 어디서든 당당할 수
있는 단단한 마음을 키울 수 있기를 바랄게.

감정 기복이 심하고
나를 제어하기 어려울 때

: 감정은 지나가는 파도 같아

•

《키싱 마이 라이프》, 《쥐를 잡자》

남녀칠세부동석(男女七歲不同席)이라는 말을 들어본 적 있어? 글자대로 풀면 남녀가 일곱 살이 되면 자리를 같이하지 않는다는 말이야. 이 말은 《예기(禮記)》〈내칙(內則)〉편에 나오는데 구체적으로는 이런 뜻이야. "아이가 여섯 살이 되면 수와 방향을 가르치고, 일곱 살이 되면 자리를 같이하지 않으며, 여덟 살이 되면 소학에 들어간다."

나는 처음에 이 말을 잘못 이해했어. 남녀가 일곱 살이 되면 같은 자리에 앉지 않는다는 말로 오해했거든. 자리 석(席)은 원래 깔개나 돗자리, 또는 요를 말하는 거야. 그러니까 부동석(不同席)은 한 이불에 잠을 재우지 않는다는 말이지. 곰곰이

생각해 보면 '남녀칠세부동석'이 구닥다리 같은 이야기만은
아닌 것 같아.

내 행동을 제어할 수 없을 때가 있다

내 생각을 내가 제어할 수 없고, 내 몸을 내가 말릴 수 없는 그
순간을 어떻게 해야 하나?

《키싱 마이 라이프》(이옥수, 비룡소, 2008, 81쪽)

《키싱 마이 라이프》에는 내 안에 흐르는 미친 호르몬 때문
에 남녀칠세부동석을 어긴 남녀 주인공이 등장해. 평범한 열
일곱 살 소녀 하연이와 그 남자친구 채강이. '인생, 깔끔하게
살자'라는 나름의 인생철학을 가진 당찬 하연이가 어느 날 남
자친구 채강이와 와인을 기분 좋게 나눠 마시고 분위기가 달
아오르자 술김에 실수를 저지르게 돼. 급조한 인생철학이 보
기 좋게 박살나는 순간이었지.

하연이는 그 일이 있은 후 몸이 이상해진 느낌이 들어. 가슴
이 아픈 듯이 부풀기도 하고, 젖꼭지 색깔도 무척 검어진 듯해.
배는 아직 그대로인 것 같지만, 다시 보면 부풀어 오른 것 같기

도 하지. 마냥 불안해하며 기다릴 수만은 없었어. 하연이는 약국에서 임신진단 테스트기를 사서 검사하는 순간, 선명하게 보이는 선 두 줄을 발견하게 되지. 임신이었어. 하지만 하연이는 임신 소식을 엄마에게 털어놓을 수는 없었어. 혼자서 끙끙대던 하연이는 불러오는 배만큼 불안함과 무서움도 커져만 갔어. 결국 남자친구 채강이에게 사실을 얘기하게 되지.

"나 임신했어."

"뭐! 지, 진짜야?"

(중략)

채강이의 목소리가 떨리기 시작했다.

"돈도 있어야 하고, 보호자도 있어야 병원에서 낙태 수술 해 준대."

《키싱 마이 라이프》(이옥수, 비룡소, 2008, 119쪽)

호기심 뒤에 숨은 감당하기 무거운 책임

'사랑한다면', '책임질 수만 있다면'이라는 가정이 전제된다면 청소년의 성관계가 뭐가 문제냐고 이야기하는 걸 들은 적이 있어. 좋아하는 마음이 깊어지면 손도 잡고 싶고, 사랑을 확인한다면서 키스도 하게 되지. 그러다 호기심이 순간적으로 성적인 관계로까지 이어지는 경우가 있어. 자기도 모르게 그 상황을 거부하지 않고 함께하고 싶다는 내면의 은밀한 욕구에 따라서 말이야. 그래서 재미로, 아니면 분위기에 이끌려서 하연이 같은 상황을 마주하게 되지.

하지만 성관계가 단순한 호기심으로 시작해서 순간의 즐거움으로 끝나면 얼마나 좋겠어? 미친 호르몬이 끓어오르다가 분출돼도 아무 일이 없다면 말이야. 그렇지만 이건 그렇게 간단한 문제가 아니야.

하연이는 예상대로 임신이라는 결과를 확인했지만, 학생이라는 사회적인 위치를 감안했을 때 당연히 키울 수 없다고 생각했어. 그래서 낙태 수술을 하려고 했지. 그런데 낙태 수술을 하려면 부모님의 동의가 필요하고, 낙태는 불법이기 때문에 수술에 큰돈이 들었어.

결국 하연이는 부모님의 동의와 낙태 비용 때문에 망설이다가 낙태 시기를 놓치게 돼. 게다가 아기의 초음파 사진을 보고는 죄책감이 들어 아기를 낳기로 결정해. 친구들은 하연이를 돕기 위해 용돈을 보태고 아르바이트를 해서 돈을 마련해 주지만, 아이를 키우고 살아가는 데는 턱없이 부족했지.

하연이는 미혼모 보호 시설에 들어가 아기를 무사히 출산하지만, 그 과정에서 겪었을 하연이의 마음이나 외로움을 생각해 봐. 그 당시 기분에 취해서 했던 행동에 비해 결과는 단순하지 않았어. 하연이는 현실과 맞설 용기를 내어 아기를 낳았지만, 실제로 우리 사회가 미혼모나 리틀맘을 바라보는 시선은 곱지 않으니까. 보통은 그들을 미성숙하고 무책임하고 무능력하다고 생각하거든.

이 모든 결과를 받아들일 준비가 되어 있어?

하연이와 비슷한 상황에 처한 친구가 한 명 더 있어.《쥐를 잡자》(임태희, 푸른책들, 2007)의 주인공인 진주홍도 자기 뱃속에 쥐(아기)가 있다는 걸 알게 돼. 하지만 세상이 미혼모를 바라보는 시선이 어떤지 알았기 때문에 임신한 순간부터 솔직하게 아이를 기를 자신이 없다고 생각해. 엄마를 슬프게 만들고 싶지 않다는 말과 함께. 주홍이가 엄마를 슬프게 만들고 싶지 않은 이유가 있었어.

주홍이의 엄마도 미혼모였거든. 한순간의 실수로 아기를 가졌지만 책임감을 갖고 주홍이를 낳았지. 그런데 세상은 주홍이 엄마를 뱃속의 아이에게 책임감을 가진 엄마로 봐주지 않았어.

결혼도 안 했는데 아이를 낳아 키운다며 손가락질을 했지.

미혼모로서 주홍이를 키우던 엄마의 삶이 가슴 아프고 외롭고 절망적인 데다 분노가 치밀어 오르고 슬프고 허탈했다는 사실을 누구보다 잘 아는 주홍이였어. 그래서 현실의 벽 따위 자세히 생각해 보지 않아도 뻔히 눈에 보였고, 책임이 너무 무서웠어. 입술을 깨물고 주먹으로 배를 세게 치며 피가 나오기를 기도했지만, 쥐는 사라지지 않았고 결국 진짜로 쥐를 잡는 선택을 하지.

호기심 뒤에 이어지는 결과는 가혹하지. 하연이나 주홍이처럼 현실의 벽에 부딪히고 마음의 상처를 입게 돼. 그리고 하연이처럼 감당하기 힘든 현실이지만 끝까지 포기하지 않고 아기를 낳든, 주홍이처럼 다른 선택을 하든, 그 책임은 누구도 대신해 줄 수 없지. 평생 후회 속에 살 수도 있고, 죄책감에 시달릴지도 몰라. 주홍이처럼 터벅터벅 다른 곳으로 가버릴 수도 있고.

그래서 호기심뿐만 아니라 책임도 함께 생각해야 해. 현재의 기쁨과 열망이 소중하게 느껴지고, 어느 것도 두려워하지 않는 너희들이지만 너희들의 삶 하나하나는 그 자체로 소중하거든. 그러니 이성의 끈을 놓치고 충동에 따라 몸이 움직일 때, 혹은 어떻게 판단해야 할지 갈등될 때면, 잠깐의 시행착오가 많은 책임과 아픔을 가져올 수도 있다는 것을 늘 명심했으면 좋겠어.

No라고 말해도 괜찮아!

예전에 유튜브에서 성관계의 '동의'를 '차 마시는 것'에 비유한 동영상을 본 적이 있어. 너희들도 머릿속에 쉽게 '동의'에 대한 생각을 정리해 보라는 의미에서 한번 얘기해 줄게.

네가 나에게 차를 대접하는 상황이라고 생각해 보자. 네가 나에게 "차 한잔할래?"라고 했어. 그런데 내가 지금 배도 부르고 차가운 게 마시고 싶기도 해서 "글쎄? 잘 모르겠는데!"라고 답한 거야. 그럼 이때 너는 나에게 차를 줘도 되고 안 줘도 되겠지. 여기서 포인트는 억지로 차를 먹이지 말라는 거야.

생각해 보니까 너의 제안을 거절한 게 미안해서 "그래 마시자! 네가 이렇게 권하는데."라고 말할 수도 있어. 그래서 네가 차를 준비했는데 역시나 영 내키지 않는 거야. 그러면 "사실은 나 차 마시기 싫어."라며 차를 안 마실 수도 있지. 그러면 차를 준비한 네 입장에서는 짜증이 날 거야. 네가 차를 준비한 시간이 있으니까. 그래도 마음을 바꾸는 건 괜찮아. 꼭 내가 마셔야 할 의무가 있는 것도 아니고, 네가 나에게 차를 강요할 자격도 없으니까. 그리고 처음부터 내가 "안 마실래!"라고 말하면 너는 차를 준비하지 않아도 돼! 그냥 마시기 싫은 거니까. 어때? 차로 이야기하니까 훨씬 더 와닿지?

이걸 성관계랑 연결 지어보면 간단해. 상대방이 원하지 않을 경우 권하면 안 되는 거야. 그리고 반대로 내가 싫으면 언제든 "NO!"라고 말할 수 있고. 이런 상황에서 네가 거절하거나 마음을 바꿨다고 해서 상대방이 "넌 날 좋아하지 않는구나." 혹은 "넌 나에게 모욕감을 줬어!"라고 한다면? 억지로 너에게 차를 먹이려고 한다면 어떻게 해야 할까?

복잡하게 생각할 필요 없어! 그런 사람은 널 좋아하지 않고 네 의사를 존중하지 않는 거니까. 미안한 마음에 "그럼 알겠어. 마실게."라며 마지못해 동의할 필요는 전혀 없지. 다른 면에서 보면 좋은 신호일 수도 있어. 너의 의견을 존중하지 않는 그 사람과의 관계를 이 기회에 정리하면 되니까. 상대가 기분 나쁘지 않게 맞춰주는 행동이 그 사람에 대한 존중이고 사랑이라고 생각하면 오산이야. 동의 자체는 어떤 상황에서든 존중되어야만 한다는 거 잊지 마.

상대를 존중하고 나를 지키는 게 진짜 사랑

자기도 모르는 호르몬 때문에 마음속에 어떤 것이 분출될 때, 어떻게 해야 하느냐는 말에 하연이의 수학 선생님은 하고 싶어도 참으라고, 정말 하고 싶어도 참으라고, 미치도록 하고 싶어도 참으라고 이야기해. 솔직히 수학 선생님의 말이 정답 아닐까?

한순간의 선택에 따르는 막중한 책임은 우리들이 견뎌내기에는 너무나 버겁거든. 그런 책임을 질 수 없는 지금의 나이에는 '지켜주는 것'이 '사랑하는 것'이라고 생각을 전환했으면 해. 당장은 와닿지 않겠지만 현실적으로 생각해 봐. 임신해서 몸이 변하게 되면 분명 고등학교도 제대로 졸업하지 못할 거야. 그러면 대학교에 들어가서 신나게 MT도 가고 축제도 가고 미팅도 해보고 싶다는 꿈도 당분간은 접어야겠지? (과연 당분간일까?) 친구들이 신나게 젊음을 만끽할 때 임신과 출산이라는 어렵고 긴 여정을 외롭게 걸어야 할 거야.

아이를 낳고 나면 달라질까? 그 애는 누가 돌봐야 할까? 결국 임신, 출산으로 끝날 듯했던 과정이 육아로 이어지거든. 친구들이 대학에서 원하는 공부도 하고, 취업도 하면서 멋지게 사회에서 자리를 잡을 때, 밤낮으로 아기를 먹이고 재우며 시달리다 보면 잠도 제대로 못 잘 거고. 사실 이건 어른들에게도 무척 힘든 일이거든.

"너는 나를 사랑하지 않니?"라며 그 상황으로 사랑을 확인하는 상대방이 있다면 아까 말했지? 이참에 난 너를 사랑하지 않는다고 일침을 놓고 헤어지라고. 사랑한다면 가장 먼저 동반되어야 하는 것이 상대방에 대한 존중이거든. 상대에 대한 존중보다 자신의 욕망을 먼저 내세우는 사람은 너를 사랑하지 않는 거야.

그러니까 너를 사랑하지 않는 사람의 달콤한 제안 때문에 마음이 흔들릴 필요도 없어. 그 사람이 너무 좋더라도 '괜찮을 거야' 혹은 '설마'와 같은 안일한 생각으로 하연이나 주홍이가 처한 현실을 경험하지는 않았으면 좋겠어. 성은 단순한 재밋거리는 아니니까. 성이 가진 무게는 충동 그 이상이니까.

4

학교폭력을 모른 체하고 싶을 때

외면보다 연대가 더 큰 힘이 되는 순간

•

《트루먼 스쿨 악플 사건》, 《방관자》

몇 년 전 연예계를 뜨겁게 달군 주제는 바로 학교폭력이었어. 인기 배구선수에 대한 학폭 미투로 시작되어서 스포츠계뿐 아니라 연예계까지 밀어닥쳐 전국을 발칵 뒤집어 놓았지. 소속 구단은 두 선수를 무기한 출장 정지시켰고 징계를 내렸으며 학폭 가해자로 지목된 연예인들은 드라마에서 하차하거나 방송 출연이 무산되었어. 이슈가 된 사람들 대부분은 가해자였지만 "저는 그냥 그 자리에 함께 있었을 뿐인데요."라고 말하는 방관자들도 몇 있었지. 어찌 보면 방관자가 가해자만큼 나쁘다고 할 순 없겠지만 그들이 그 학교폭력의 책임에서 완전히 벗어날 수는 없다고 생각해.

우리는 학교폭력을 목격했을 때 그것이 잘못된 행동이라는 것을 지적하고 바로 잡는 데 힘을 보태야 한다는 것을 잘 알고 있지. 하지만 실제로 용기 내어 행동하기는 참 어려운 일이야. 그래서 왜 학교폭력을 보고도 침묵하는지 한편으론 이해가 돼. 죄책감이 느껴지기는 하지만 지금까지 굳혀 온 방관자로서의 태도를 한순간에 바꾸기는 힘들었을 테니까. 하지만 왜 우리가 학교폭력 앞에서 방관자가 되면 안 되는지는 한 번쯤 생각해 볼 필요는 있어. 그렇게 의식하다 보면 어느 중요한 순간에 나도 모르게 주변에서 일어나는 학교폭력에 대응할 용기가 솟아날 수 있거든. 그래서 오늘은 학교폭력에 대처하는 방관자의 자세에 대해 자연스럽게 고민해 볼 수 있는 두 편의 소설을 소개하려고 해. 바로《트루먼 스쿨 악플 사건》과《방관자》야.

주먹보다 더 무서운 잔인한 괴롭힘

우리 학교 최고의 왕재수는 누구일까요?

그리고 그 밑에는 …… 초등학교 6학년 때 내 사진이 떡하니 있었다. 순간 몸이 굳어버렸다. 나는 5, 6학년 때 사진을 모조리가위질해버렸다. 엄마는 이제 더는 네 옛날 사진을 간직할 수 없게 된 거라며 마구 화를 내셨다. 하지만 난 신경 쓰지 않았다. 이 사진들이 하나도 없다면 내가 그토록 뚱보였다는 걸 아무도 모를 테니까.

하지만 사실 내 모습은 그랬었다. 사이트의 사진이 바로 그 증거였다. 내 온몸이 흔들리기 시작했다.

《트루먼 스쿨 악플 사건》

(도리 힐레스타드 버틀러, 이도영 옮김, 미래인, 2008, 54쪽)

《트루먼 스쿨 악플 사건》은 트루먼 중학교에서 교내 신문부 부장을 맡고 있던 제이비가 획일적인 학교 교육과 신문 제작 방식에 불만을 품고 진정으로 학생들을 위한 신문을 꿈꾼다는 명목하에 〈트루먼의 진실〉이라는 웹사이트를 만들면서 시작되는 사이버폭력 이야기를 담고 있어. 처음에 이 사이트는 선생님 뒷담화를 하거나 자신이 그린 만화를 올리거나 하는 등 우리가 요즘 이용하는 일반적인 커뮤니티처럼 운영되는 듯 보였지. 그러던 어느 날, 밀크&허니라는 아이디를 쓰는 익명의 누군가가 학교의 인기 여학생인 릴리의 뚱뚱했던 초등학교 시절 사진과 그녀를 비난하는 익명의 글을 올리면서 그리고 익명을 이용한 43명의 누군가가 댓글을 달기 시작하면서 트루먼 중학교는 한바탕 악플 사건에 휩싸이게 되지.

여느 학교폭력과 마찬가지로 〈트루먼의 진실〉의 중심에는 악플과 언론을 선동한 가해자 트레버가 있었고, 평소 릴리를 시기·질투해 아무 생각 없이 동조한 학생들이 있었어. 하지만 이 사건을 크게 키운 것은 제이비와 아무르였어. 그들은 직접 릴리를 비방하는 글을 올린 게 아니기 때문에 책임이 없다고 생각했지. "우리 학교 최고의 왕재수는 누구일까요?"라는 익명의 게시글이 사진과 함께 투표로 올라왔을 때, 릴리에게 피해가 돌아갈 수 있다고 판단해 게시글을 제한했다면 이토록 문제가 커지지 않았을 거야. 하지만 그들은 누구든 글을 올리고 댓글을 달 수 있는 공간이기 때문에 자율성을 존중해야 한다고 생각했고 사이트 최초의 글이라 삭제하기 애매하다는 이유로 모른 척했어. 그런데 말이야, 그 게시물이 릴리가 아닌 제이비 자신의 사진과 글이었다면 어떻게 했을까? 과연 그렇게 둔감하게 행동했을까? 아니. 아마 보자마자 당장 삭제했을걸? 학교폭력을 대할 땐 '그 피해자가 만약 나라면'이라는 가정하에 시작되면 돼. 그러면 방관자가 되지 않을 수 있어.

〈트루먼의 진실〉에서 릴리의 사진과 게시글이 삽시간에 학생들 사이에 퍼지고 릴리는 진실과는 상관없이 레즈비언으로 낙인찍히게 돼. 친구들은 그런 상황이 잘못되었다는 걸 알면서도 누구 하나 지적하지 않고 남의 일인 양 바라보기만 했지. 결국, 한때 학교에서 제일 잘나가던 얼짱 클럽의 여학생 릴리는 영문도 모른 채 정신적 고통을 겪게 돼. 친구들에게 외면당한 릴리는 다른 학교로 전학 가게 되는 극단적 결말을 맞게 돼. 무관심 자체가 한 사람의 인생을 송두리째 바꿔놓은 거야. 망쳐 놓은 거지.

결국 사이트 전체를 폐쇄했다. 나는 모든 내용을 한 줄의 글로 대신했다. 〈트루먼의 진실〉 첫 페이지에 이렇게 띄워놓았다. 사람들은 누구나 비열해질 수 있습니다.

《트루먼 스쿨 악플 사건》

(도리 힐레스타드 버틀러, 이도영 옮김, 미래인, 2008, 169쪽)

'나만 아니면 돼'와 '내가 될 수도 있어'의 차이

현대 사회에서는 눈앞에서 어떤 사건이 벌어지든 '내 일'이 아니면 모른 척하고 지나가는 경우가 늘어나고 있어. 또한 '내가 아니어도 다른 누군가가 도와주겠지'라는 방관자 효과가 늘어나면서 피해자가 더 큰 위험에 노출되는 경우도 많아지고 있고. 이를 방지하기 위해 '착한 사마리아인 법'이 제정된 나라들도 있어.

착한 사마리아인 법은 남을 돕는 일을 한다고 해서 자신에게 특별한 부담이나 피해가 오지 않는데도 불구하고 다른 사람의 생명이나 신체에 중대한 위험이 발생하고 있음을 보고도 구조에 나서지 않는 경우 처벌하는 법이지. 이 법의 핵심은 위험에 빠진 사람을 구해줄 수 있는데도 아무런 행동도 하지 않은 사람을 처벌한다는 거야.

이 법은 구해주는 사람이 그 행위로 인해 또 다른 위험에 빠지지 않는 상황을 전제로 해. 그런 점에서 학교폭력의 방관자에게 착한 사마리아인 법의 잣대를 들이대는 건 조금 애매할 수도 있어. 용기를 내서 선생님이나 어른들에게 말하면, 선생님이나 어른들에게 일러바치는 사람이라고 친구들이 생각할 수도 있으니까. 친구를 구해주려다 오히려 내가 학교폭력의 타겟이 되는 위험에 처할 수도 있지. 게다가 당사자도 아닌데 나선다며 "꺼져!"라는 말까지 듣는다면 학교폭력에 대응하기 정말 어려워져. '어차피 쟤네 일인데 알아서 하겠지. 난 아무것도 못 본 거야.'라고 자기 합리화를 하게 되지. 당연한 반응이고 누구나 한 번쯤 겪어본 감정일 거야. 하지만 대부분의 학교폭력은 이런 무관심에서 시작되고 더 확대될 수 있다는 점

재들 신경 쓰지마!
집에 갈 때 나랑 같이 가자!
재수 없어!
우리 학교 왕재수다!

에 대해서, 그 책임에 대해 한 번쯤 생각해 보면 좋을 것 같아. 가해자는 트레버였지만 폭력인 줄 알면서도 지켜보기만 하고 말리지 않았던 주변 친구들을 생각해 봐. 그들 모두 '난 가해자는 아니야!'라고 말하고 싶겠지만 책의 결말을 통해 이게 얼마나 자기중심적인 말이었는지, 그 깨달음 가운데에서 나는 앞으로 어떤 행동을 할 수 있을지에 대해 고민해 보는 계기가 되었으면 해.

방관자는 곧 다음 피해자가 될 수 있다

"왕따를 목격하고도 아무 행동도 하지 않는 사람을 지칭하는 말은?"
에릭은 살짝 불편한 기분을 느끼면서 아무 말 없이 앉아 있었다. (중략) 그때 누가 외쳤다.
"답은…… 방관자! 아닌가요?"

《방관자》 (제임스 프렐러, 김상우 옮김, 미래인, 2012, 124쪽)

《방관자》는 벨포트 센트럴 중학교에서 전학 온 1학년 에릭이, 그리핀이라는 아이와 가까워지면서 겪는 학교폭력 사건을 담은 소설이야. 그리핀은 잘 생기고 리더십이 있어서 친구들에게 인기가 많은 것처럼 보였어. 그런데 시간이 지나면서 에릭은 그에게서 좀 수상한 행동들을 목격하게 돼. 어른 앞에서는 착한 아이 코스프레를 하지만 뒤에선 서슴없이 남의 물건에 손을 대기도 하고, 반 친구인 할렌백을 타겟으로 삼아 지속적으로 괴롭히거든. 처음에 에릭은 할렌백이 괴롭힘을 당하는 걸 알면서도 못 본 척했어. 휘말리고 싶지 않았으니까. 그러던 어느 날, 에릭은 그리핀이 레슬링의 새로운 기술을 보여준다면서 할렌백의 두 팔목을 비틀어 프레첼로 만들며 깔깔거리는 걸 보다가 이건 아니라는 생각이 들어서 그리핀에게 용기 내어 말해. 이렇게 친구를 괴롭히는 건 너무 심했다고. 그런 에릭에게 그리핀은 의아하다는 표정으로 "지금까지 이 상황을 지켜보기만 했던 네가 이제 와서 왜?"라는 비난의 목소리를 건네지.

그리핀은 에릭의 지적에도 자신의 행동에 죄책감 따위 느끼지 않았어. 오히려 자신이 기억하는 건 함께 서서 웃어대던 에릭의 모습뿐이라며 맞받아치지. 한술 더 떠서 학교는 강자만이 살아남는 정글이라는 비유로 자신의 행동을 합리화했고, 할렌백에게 '웃기기 게임', '겁주기 게임' 등의 못된 장난을 하면서 끊임없이 괴롭혔지. 에릭은 그동안 그리핀과 함께 다니기는 했지만 할렌백을 괴롭히는데 직접적인 행동을 한 것이 아니었기 때문에 잘못이 없다고 생각해 왔어. 하지만 에릭은 할렌백이 고통스러워하는 모습을 많이 목격하면서 이건 더 이상 장난이 아니라 심각한 문제 상황이라는 걸 깨닫게 되지. 가만히 그 자리에서 상황을 지켜보고만 있었던 자신을 '다른 애들과 똑같이 나쁜 사람'이라며 반성하게 돼. 결국 방관자로 서의 잘못을 알게 된 에릭은 뒤늦게 할렌백을 도우려 하지만 할렌백은 지금껏 침묵해 왔던 에릭 역시 가해자로 느꼈기 때 문에 그를 받아들이지 않아. 오히려 복수심에 그리핀의 패거 리에 들어가는 조건으로 에릭을 왕따로 만드는 데 앞장서게 되지. 피해자였던 할렌백은 스스로 가해자가 되었고 방관자 였던 에릭은 할렌백에 이어 다음 피해자가 돼. 결국 '침묵'과 '방관'이 또 다른 피해자를 만들어낸 거야.

학교폭력은 왜 일어나는 걸까? 자신의 말에 꼼짝 못 하고 명령에 따르는 친구들 위에 군림하는 경험은 쉽게 잊을 수 없 는 강한 쾌감을 준대. 누군가를 지배하고 마음대로 할 수 있음 을 과시함으로써 학교라는 계층화된 집단에서 상위 지배자로 서의 지위를 만끽하다 보면 폭력에 중독되는 거지. 그리핀도 마찬가지였어. 피해자는 누구든 상관없었지. 하지만 그런 그 리핀의 행동에 조금 더 빨리 반박하고 큰 소리를 냈다면 어땠을까? 가해자의 행동을 직접 비난할 용기가 없다고? 그렇다면 옳지 못하다는 여론을 형성하면서 잘못된 행동이라는 것을 간접적으로라도 알려주면 어땠을까? 실제로 따져보면 가해자와 피해자보다 방관자의 숫자가 더 많으니까 방관자들이 힘을 합치면 문제 해결에 더 쉽고 빠르게 접근할 수 있잖아. 가해자가 피해자에게 하는 행동을 직접 나서서 비난할 용기는 없더라도 옳지 못하다는 여론을 형성하면 잘못된 행동이라는 것을 간접적으로 알려줄 수 있겠지. 그러면 음지에 숨은 학교폭력들이 수면 위로 떠오를 것이고, 학교폭력 해결에도 더 쉽고 빠르게 접근할 수 있을 거야.

방관자인 우리가 적극적으로 힘을 모으고 행동에 나서면 조금만 노력해도 폭력을 막고 평화를 만들 수 있어. 그러니 방관자인 우리는 더 이상 중립적 인물이 되면 안 되는 거야. 가만히 있으면 안 되는 거라고. 우리가 목소리를 내는 행동의 영향력은 상상 이상이거든. 게다가 방관을 깨고 목소리를 낸 친구가 있다면 함께 목소리를 내며 지지하는 것도 중요해.

왕따 행위를 보면 어른에게 알리기.

왕따 가해자를 응원하지 않기. 방관자가 되지 않기.

"그만해!" 라고 말하기.

왕따 가해자의 농담에 웃지 않기.

　책 속에서 플로이드 선생님과 학생들이 함께 왕따 없는 학교를 만들 방법을 토론하며 나열했던 그 방법들을 적어봤어. 이 소설을 통해 하나씩 곱씹고 생각해 보면서 학교폭력의 중심에서 방관자가 아닌 당당한 교실의 일원으로서 내가 해야 할 역할에 대해서 다시 한번 어른스럽게 고민해 보기를 바랄게. 모두가 즐겁고 행복한 교실을 꿈꾸기 위해서는 우리 모두의 노력이 필요하다는 것 잊지 마!

4장

미래가 불안할 때,
나를 세우는 인생 처방전

1

지금 내 상황이 싫을 때

현실이 싫을 때, 나를 바꾸는 건 도전

•

《그리스인 조르바》, 《위저드 베이커리》

학기 초가 되면 학생들에게 홀랜드 직업 유형에 따라 분류한 진로 도서 목록을 배부하는 게 나의 일이야. 책을 읽으려고 도서관에 가도 어떤 책을 읽어야 할지 전혀 감이 안 올 때가 많잖아. 그렇다고 '서울대생 추천도서 100선'을 훑어보면 도서관을 나가고 싶어지고. 그래서 학생들에게 자신의 성향을 파악하고 그 성향에 맞는 진로에 따라 읽으면 도움이 될 책들을 선정해서 권하는 거지.

홀랜드 직업 유형은 성격과 직업이 매우 깊은 관계가 있다는 전제하에 개인의 성격과 성향에 맞는 직업을 여섯 개 유형으로 분류해. 예를 들어서 기계 정비나 요리사와 같이 신체 활동이 뛰어나고 육체적으로 강한 사람들은 현실형(R), 수학자나 의사처럼 사고력이 뛰어나고 지적으로 생각하는 사람들은 탐구형(I), 예술가처럼 독창성이 뛰어난 사람은 예술형(A), 교사처럼 친화력이나 인간관계 능력이 뛰어난 사람들은 사회형(S), 영업직처럼 외향적인 사람들은 진취형(E), 은행원이나 공무원처럼 성실하고 사무적인 사람들은 사무형(C)으로 분류하지.

이렇게 학생들에게 진로와 관련된 책들을 추천하면서 가장 많이 들은 말이 있어. "저는 어차피 안 될 거예요." 그저 책 하나 추천했을 뿐인데 미래를 비관하고 자신의 상황을 부정하는 경우를 많이 봤어. "제가 잘할 수 있을까요?"라며 스스로 의심하는 너희들에게 정말 필요한 말이 무얼까 고민하다가 이 책들을 골라보았어.

미래를 만드는 것은 행동

《그리스인 조르바》에 등장하는 '나'는 크레타 출신의 젊은 지식인이야. 친구들은 나에게 머리에 먹물만 가득한 행동하지 않는 인간이라고 손가락질하지. 하지만 '나'는 동의할 수 없었어. 나의 삶에 어떤 문제도 있다고 생각하지 않거든.

그러던 어느 날 '나'는 이상한 사람 조르바를 만나. 조르바는 살아오면서 지금껏 만난 적도 없고 만날 수도 없었던 사람이었어. 예순을 훌쩍 넘긴 나이에도 마음껏 여자를 만나 사랑하고 누구에게도 무엇에도 구속되지 않으며, 세상의 시선 따위는 저 멀리 치워버린 당당한 자유인이었지. 거침없이 자유를 갈망하던 한 번도 정규교육을 받은 적이 없던 그이지만, 그의 본능이나 경험은 언제나 '나'를 압도했어. 그는 내가 개발하는 탄광의 노동자였지만 나보다 늘 당당하고 자유로웠지.

"그래요, 당신은 그 잘난 머리로 이해라는 걸 합니다. 당신은 이렇게 말할 겁니다. '이건 옳고 저건 그르다, 이건 진실이고 저건 아니다, 그 사람은 옳고 딴 놈은 틀렸다…….' 그래서 어떻게 된다는 겁니까? 당신이 그런 말을 할 때마다 나는 당신 팔과 가슴을 봅니다. 그래, 팔과 가슴이 뭘 합니까? 침묵한다 이겁니다. 한 마디도 하지 않아요. 흡사 피 한 방울 흐르지 않는 것 같다 이겁니다. 그래, 무엇으로 이해한다는 건가요? 머리로? 웃기지 맙시다!"

《그리스인 조르바》 (니코스 카잔자키스, 이윤기 옮김, 열린책들, 2009, 327쪽)

'뭘 믿고 저렇게 당당하지?'라는 생각이 들 만큼 그는 자유로운 영혼이었어. 가진 것도 없고 나이도 많은 데다 배운 것도 없지. 그냥 늙은 몸과 혈기왕성한 마음만 가진 60대 노인이었어. 그래도 그는 주눅 들지 않아. 다른 사람 눈치를 보지도 않지. 그리고 자기 자신에게 당당해. 머리로만 모든 상황을 이해하는 것이 아니라 자신의 마음을 그대로 읽으려고 노력했거든. 머리를 마음에 맡긴 거야. 그에게는 어떤 핑계도 통하지 않았어. 공부를 못해서, 키가 작아서, 뚱뚱해서, 못생겨서, 부모님이 재정적으로 지원을 안 해줘서 등등 우리는 현실에서 종종 상황을 비관하는 핑곗거리를 찾기 바쁘잖아. 그런데 조르바는 우리에게 이렇게 말해. 머리로 생각하는 사람은 현재를 즐길 수 없고, 어떤 감정도 제대로 느낄 수 없다고. 그의 한마디 한마디를 읽다 보면 그렇게 앞뒤 다 재다간 아무것도 못하게 된다고 말하는 것만 같지. 《그리스인 조르바》의 주인공 '나'도 그래서 한평생을 먹물만 뒤집어쓴 채 살았던 거였고.

네 삶에 얼마나 만족해?

우리는 어떤 결정을 할 때 일일이 생각하고 의심하곤 해. 시험을 준비할 때도 그렇고 친구를 사귈 때도 이 친구가 도움이 될까, 혹시나 내가 나쁜 친구를 사귀는 건 아닐까 고민하지. 심지어는 점심 메뉴 하나를 결정할 때도 그래. 이걸 먹으면 더 맛있을까? 이걸 선택하면 저걸 또 먹고 싶어지진 않을까? 시작하기도 전에 그 결정에 대해 후회할까 봐 걱정하지.

하지만 조르바는 후회 같은 건 하지 않아. 보이고 존재하는 그 자체를 단순하게 받아들이지. 그러니 고민 자체에 크게 시간을 할애하지 않으면서 자기 내면을 편안하게 유지하는 거야. 어떤 사람의 말에도 방해받지 않고, 생각한 대로 행동하지. 그래서 '나'는 지금까지 펜과 잉크로만 배우려 했던 삶의 모든 것을 뒤집어보고 싶은 마음이 생겨. 조르바처럼 세상 속에서 제 발로 나아가 직접 느끼고 경험하며 스스로 부딪치는 과정이 삶에서 더 중요하다는 것을 깨닫는 순간이 온 거지.

계절의 어김없는 리듬, 무상한 생명의 윤회, 태양 아래서 차례로 변하는 대지의 네 가지 얼굴, 생자필멸(生者必滅), 이 모든 사실이 다시 한 번 내 가슴을 조여 왔다. 다시 한 번 해오라기의 울음소리와 함께 내 속에서 무시무시한 경고의 소리가 울렸다. 생명이란 모든 사람에게 오직 일회적인 것, 즐기려면 바로 이 세상에서 즐길 수밖에 없다는 경고였다. 영원히 다른 기회는 주어지지 않을 것이다.

《그리스인 조르바》(니코스 카잔자키스, 이윤기 옮김, 열린책들, 2009, 251쪽)

손해 보지 않는 일에 시간을 너무 많이 허비하다 보면 실패가 두려워서 시도조차 못 할 수 있어. 생각이 너무 많으면 행동에 족쇄를 채우며 살게 되지. 자신을 사랑하는 법도, 진정한 자유를 누릴 줄도 모르지. 그러고는 매번 시간이 지나면 '그때 용기 내볼걸' 후회 속에서 살게 되지. 그런 우리에게 조르바는 자신의 삶을 보여주면서 계속 물어. 삶의 그림자만 보면서 만족하고 있는 게 아니냐고. 너는 어떤 삶을 선택하냐고. 현재를 어떻게 살고 있냐고 말이야.

내게 중요한 것은 오늘, 이 순간에 일어나는 일입니다. 나는 자신에게 묻지요. '조르바, 지금 이 순간에 자네 뭐 하는가?' '잠자고 있네.' '그럼 잘 자게.' '조르바, 지금 이 순간에 자네 뭐 하는가?' '일하고 있네.' '잘해 보게.' '조르바, 자네 지금 이 순간에 뭐 하는가?' '여자에게 키스하고 있네.' '조르바, 잘해 보게. 키스할 동안 딴 일일랑 잊어버리게. 이 세상에는 아무것도 없네. 자네와 그 여자밖에는. 키스나 실컷 하게.'

《그리스인 조르바》(니코스 카잔자키스, 이윤기 옮김, 열린책들, 2009, 397쪽)

어떤 선택도 100점이 될 수 없어

《위저드 베이커리》의 주인공 '나'는 열여섯 살의 소년이고, 여섯 살 때 청량리역에 유기당한 기억을 갖고 있어. 엄마가 그를 버렸지. 엄마는 우울증을 앓다가 자살했어. 아버지는 주인공이 중학생일 때 여덟 살짜리 무희라는 딸이 있는 배 선생과 재혼해. 새엄마인 배 선생은 '나'를 정서적으로 학대하지. 결국 나는 집에서 밥을 먹지 못할 정도가 되어 위저드 베이커리에서 빵을 사 먹다가 베이커리 사람들을 알게 되지.

그러던 어느 날 배다른 동생인 무희가 성폭행을 당해. 처음에는 범인으로 영어 선생님을 지목하지. 그런데 배 선생이 무희를 때리면서 계속 같은 질문을 되풀이하자 범인이 의붓오빠(주인공 '나')라고 답해. 주인공은 더 이상 그 집에 있을 수 없어서 집을 나와 빵집으로 가게 되지. 그리고 그곳에서 지내면서 조금씩 알게 돼. 그 베이커리가 조금 특별하다는 것을, 그리고 그곳에서는 은밀한 소원을 이루어주는 마법의 빵을 판매한다는 것을 말이야.

위저드 베이커리에서 파는 마법의 빵을 사는 데는 원칙이 있어. 모든 마법에는 대가가 따르기에 자신의 행위로 인한 결과를 책임질 수 있는 사람만 위저드 베이커리에 가입하고 빵을 사라는 거지. 위저드 베이커리에는 실연의 상처를 빨리 잊게 해준다는 '브로큰 하트 파인애플 마들렌', 빵을 먹고 잠든 나를 대신해 도플갱어가 학교나 회사에 가준다는 '도플갱어 피낭씨에', 사과하고 싶은 사람에게 주면 백 퍼센트 화해가 가능하다는 '메이킹 피스 건포도 스콘' 등이 있어. 일상생활에서 겪는 모든 근심과 걱정을 덜어줄 것만 같아서 주문하고 싶어지는 빵들이지.

하지만 일반 빵과 달리 비밀글로 주문이 이루어지는 그 빵이나 과자들은 가격이 만만치 않지. 소원의 위험성 때문이야. 소원은 운명을 바꿀 수 있고 우주의 질서를 어지럽힐 수 있으니까 그에 상응하는 대가를 치러야 한다는 의미지. 소원이 클수록 가격은 천문학적으로 올라가. 그 가운데에서 가장 비싼 것은 타임 리와인더, 바로 시간을 되감는 머랭과자야. 되돌리고 싶은 시간을 마음속으로 생각하며 머랭과자를 먹으면, 혀끝에서 종이가 나오는데 거기에 원하는 날짜나 시간이 붉은 글씨로 적혀 있다고 해.

모든 사람은 늘 갈림길에서 어떤 선택을 할지 고민해. 어떤 선택이 최선의 결과를 안겨줄지 고민하며 하나를 선택하잖아. 안 가본 길에 대해서는 늘 후회와 호기심을 갖지. 가보지 못한 길은 언제나 궁금하고, 선택한 길의 결과가 좋지 않다면

'다른 길로 갈걸' 후회하기도 하고 말이야. 그런 우리의 고민을 알기라도 하듯 선택이 잘못되었다고 생각되면 다시 그 시간으로 돌아가서 다른 선택을 할 수 있게 해주는 머랭과자가 주인공 앞에 등장한 거야. 위급한 상황이 닥쳤을 때,《위저드 베이커리》의 주인공은 자신이 불행해졌던 시점을 곰곰이 떠올리며 돌아갈지 말지 고민해. 주인공은 어떤 선택을 했을까?

'나비효과(Butterfly Effect)'라는 말을 들어본 적 있어? 나비의 작은 날갯짓이 날씨 변화도 일으키듯(예를 들어 '브라질에서 나비가 날갯짓을 하면 텍사스에서 토네이도가 일어난다.' 같은 내용이지), 미세한 변화나 작은 사건이 추후 예상하지 못한 엄청난 결과로 이어진다는 의미야.

끔찍한 현재와 미래를 고치기 위해 과거로 시간을 거슬러 올라가서 상황을 바꾸고 돌아오면, 현재는 그로 인해 다른 부분들이 망가져서 손댈수록 엉망진창이 될 수도 있어. 결국 어떤 선택을 하든 항상 상황이 나에게 유리한 쪽으로 흘러갈 리도 없고, 어쩌면 생각지도 못한 곳에서 또 다른 일이 벌어져 더 황당한 결과를 가져올지도 몰라.

《위저드 베이커리》도 같은 맥락의 이야기였던 것 같아. 어떤 선택도 늘 100점일 수 없다고. 어쩌면 잘못될 확률이 더 높을지도 모르는 과거라고. 그러니까 지금의 선택을 후회하지 말고 지금의 상황에서 더 좋아질 수 있도록 너의 자리에서 노력하라고 말하는 것만 같았어.

지금을 받아들일 때 펼쳐지는 진짜 현실!

"언제나 옳은 답지만 고르면서 살아온 사람이 어디 있어요. 당신은 인생에서 한 번도 잘못된 선택을 한 적이 없나요?"
"틀린 선택을 했다는 것 자체가 잘못이라는 게 아니야. 선택의 결과는 스스로 책임지라는 뜻이지. 그 선택의 결과까지 눈에 보이지 않는 힘에 의존하기 시작하면, 너의 선택은 더욱 돌이킬 수 없는 방향으로 나아갈 거란 말을 하는 거야."

《위저드 베이커리》(구병모, 창비, 2009, 200쪽)

위저드 베이커리의 점장은 어떤 선택이든 그 결과에 따른 책임이 있다고 말해. 마법 빵으로 어떤 문제를 해결하더라도 그로 인한 결과는 스스로가 책임져야 한다는 거지. 아무리 마법 빵이 있어도 결국은 자신의 고통을 해결해 줄 수 없다는 말이야.

과거로 돌아가서 다른 선택을 하는 이야기는 많아. 그래서 결정적 원인을 찾아내 제거하곤 하잖아. 그런데 문제가 환경에 있는 것이 아니라 나의 본질에 있다면? 과연 내가 과거에 했던 것과 다른 선택을 할 수 있을까? 한 사람의 행동은 아주 많은 것이 모여 결정된 것이기 때문에 쉽게 바뀌지 않을 거야. 그러니 과거에 대한 후회보다 미래에 대한 희망을 보는 편이 낫지 않을까? 물론 상처가 없으면 좋겠지. 하지만 이미 상처가 생겼다면 그 또한 어쩔 수 없으니까 받아들이고 앞으로 나아가는 거야. 인간은 고통을 통해 조금씩 자라니까.

고통에 의미를 부여하고 자신에게 부족한 것을 보충하려고 애쓰며 자신의 삶을 추스르면, 굳이 과거로 돌아가 모든 원인을 제거하지 않더라도 훨씬 더 즐겁고 의미 있는 삶을 살 수 있을 거야. 슬프고, 억울하고, 힘들 때도 있겠지. 그래도 언제나 옳은 답지만 고르면서 살아온 사람은 없을 거야.

'긍정이나 부정, 자기가 바라던 어느 쪽의 변화든 간에 이것은 물질계와 눈에 보이지 않는 비물질계의 질서에 변화를 일으키는 일입니다. 따라서 모든 마법의 이용 시 그 힘이 자신에게 부메랑이 되어 돌아올 수 있다는 사실을 반드시 명심하십시오.'

《위저드 베이커리》(구병모, 창비, 2009, 63쪽)

베이커리에서 파는 빵은 원하는 것을 이루어주는 요술램프의 지니가 아니었어. 손님의 허기와 욕망을 채워주기도 하지만, 현실을 부정하고 환상을 바라는 이들에겐 그들이 원하는 완벽한 결과를 보장해 주지 않았거든. 우리의 삶에는 늘 선택에 따른 책임이 주어져. 현재를 부정하는 사람은 작은 도움을 얻을진 몰라도 모든 게 바뀌진 않을 거야. 사람의 본질은 바뀌지 않으니까. 그거 아니? 현실을 인정하고 받아들이는 것도 용기야. 내 선택의 결과가 처음에는 받아들이기 힘들 수도 있어. 하지만 마음을 다스리고 조금 노력하다 보면, 이 어려움이 내 몫의 성장통쯤으로 받아들일 수 있을 만큼 내면이 단단해지는 순간이 올 거야. 그럼 애꿎은 빵의 힘 따위는 빌리지 않아도 되겠지?

2

진로가 고민될 때

완벽한 선택보다 나다운 선택을

·

《미드나잇 라이브러리》, 《기다리기에는 내일이 너무 가까워서》

가끔 진로에 대해 생각할 때 이런 고민에 빠질 때가 있어. '나는 어떤 사람일까?', '나는 무엇을 잘하고 좋아할까?', '나는 어떤 일을 하고 싶은 걸까?' 그렇게 나의 마음을 따라가 정말 하고 싶은 일을 찾아 진로를 정하다 보면 혹시나 어른들이 말하는 '정답'에서 멀어져서 결국 나중에 후회하게 되는 건 아닐까 걱정이 되기도 해. 남들이 좋다고 하는 선택지에 따라 좋은 대학을 가는 것을 목표로 하다 보면 내가 좋아하는 일을 하면서 살 기회는 영영 놓치게 되는 건가? 혹시나 지금 이 순간의 선택을 후회하게 되면 어쩌나? 또 다른 걱정이 되기도 하지. 이제 어느 정도 진로의 방향을 선택하고 집중해야 할 시기인데 어떻게 진로를 결정해야 할지 어떤 선택을 하면 후회하지 않을지 누군가 정답을 알려주면 좋겠다는 생각도 들지.

진로나 직업은 우리가 미래에 어떤 삶을 살아가느냐와도 긴밀하게 연결되어 있기 때문에 어쩌면 인생에서 가장 중요한 결정일지도 몰라. 그래서 우리는 후회 없는 선택을 하기 위해 네가 지금 가진 것과 비슷한 많은 고민을 하게 되지. 학교에서는 자유학기제라는 제도를 통해 학생들이 자신의 적성과 소질을 탐색해서 잠재력을 발견하여 미래를 설계할 수 있는 시간을 갖게 하기도 하지만 솔직히 나의 진로를 결정할 무언가를 경험하기에는 터무니없이 짧은 시간임에는 틀림이 없어. 그리고 이런 시간을 통해 아주 운이 좋게 내가 좋아하는 일을 찾았다고 해도 그 일이 입시와 취업이라는 정해진 트랙에서 벗어나 있다면 자신의 진로를 개척하는 것이 외롭고 불안하게 느껴질 수 있을 거고. 그럼 남들을 따라 하루에 열두 시간씩 책상에 앉아 공부하면 어떨까? 모두가 정답이라고 일컫는 길을 걷고 있지만 내가 왜 책상에 앉아있는지도 모르겠고, 어른이 되어서 나의 선택을 후회하게 되면 어쩌나 우려도 되겠지.

앞선 장에서도 이야기했듯 우리가 어떤 선택을 하든지 간에 포기한 상황에 대해서는 후회가 남을 수밖에 없어. 왜냐하면 아무리 고심해서 무언가를 결정한다고 해도 가보지 못한 길

긍정적으로 생각해.
잘할 수 있어.
아들 힘 내!
겁먹지 마!
이제껏 잘했잖아!

에 대해서는 미련과 동경이 남기 마련이거든. 세상을 잘 몰라서도 아니고 미숙해서도 아니야. 어른들도 마음속에서는 그런 시행착오를 겪으니까. 오늘은 너의 진로 고민뿐 아니라 세상의 많은 '선택' 앞에서 어떤 마음가짐으로 현재를 살아가야 할지에 공감과 위로와 용기를 전해 줄 두 권의 책을 가져와 봤어. 바로《미드나잇 라이브러리》와《기다리기에는 내일이 너무 가까워서》야.

후회없는 선택이라는 것이 있을까?

《미드나잇 라이브러리》의 주인공 노라는 어렸을 적 천재적인 재능을 가진 수영 유망주였어. 하지만 눈에 띄기 싫다는 이유로 수영을 그만두지. 실망한 노라의 아빠는 얼마 뒤 심장마비로 돌아가셔. 음악에 대한 재능도 있었던 노라는 오빠와 인디밴드를 만들어 음반사의 제의도 받게 되지만 댄과 결혼하기위해 그 기회를 버리게 되지. 그 길로 오빠와는 절연하게 돼. 게다가 결혼 이틀 전, 댄과의 결혼 생활에 확신이 없다는 이유로 파혼을 선언하기도 하고, 절친 이지와 함께 혹등고래를 보러 호주로 떠나기로 해놓고 떠나기 직전 돌연 못 가겠다고 말

해. 갑자기 낯선 곳에 가서 적응할 자신이 없다고 말이야. 사
랑하는 사람과의 연애도, 친구와의 우정도, 가족 간의 사랑도
실패했다는 마음과 더 이상 자신의 필요성을 느끼지 못하게
된 노라는 자신이 사랑하는 고양이가 사고로 죽었다는 이야
기를 듣고는 무너져버려. 삶의 의미를 찾지 못하고 죽기로 결
심하지.

"그 도서관에는 서가가 끝없이 이어져 있어. 거기 꽂힌 책에
는 네가 살 수도 있었던 삶을 살아볼 기회가 담겨 있지. 네가
다른 선택을 했다면 어떻게 달라졌을지 볼 수 있는 기회인 거
야……. 후회하는 일을 되돌릴 수 있는 기회가 생긴다면 하나
라도 다른 선택을 해보겠니?"

《**미드나잇 라이브러리**》(매트 헤이그, 노진선 옮김, 인플루엔셜, 2021, 49쪽)

죽기 직전, 노라는 오래전 자신에게 마음의 위로를 줬던 도
서관 사서인 엘름부인이 있는 커다란 도서관으로 가게 돼. 그
도서관은 노라가 살 수 있는 모든 인생이 책으로 담겨 있는 도
서관이었어. 노라는 가장 완벽한 삶을 찾기 위해 《후회의 책》
을 통해 선택하지 않아 후회했던 다양한 삶을 경험해 보게 돼.
처음에는 오랜 연인이었던 댄과 꿈꾸던 결혼 생활을 하게 되

는데 댄이 바람을 피우고 그녀의 꿈을 우습게 여기는 것에 실망해서 돌아오게 되었고, 단짝 친구였던 이지와 함께 호주에 간 삶에서 이지가 교통사고로 사망한다는 것을 알게 돼. 금메달리스트 수영선수의 삶에서는 아빠가 바람이 나 부모님이 이혼을 하지. 다양한 선택지의 삶을 살아보면서 노라는 알게 돼. 완벽한 삶은 없다는 것을. 100% 행복하고 만족스러운 삶은 없다는 걸 말이야. 어떤 삶을 살더라도 실망감과 후회는 언제나 존재한다는 것도. 그래서 결심해. 어차피 모든 삶에 후회가 존재한다면 내가 원하는 삶에 초점을 두자고!

중요한 것 '무엇을 보느냐'가 아니라 '어떻게 보느냐'이다

우리는 하루도 빠짐없이 수많은 선택을 하며 지내. '오늘 점심 메뉴로 뭘 먹을까?'에서부터 네가 지금 고민하는 미래에 대한 결정까지. 그러면서 지금 내 선택이 맞는 걸까, 다른 선택을 하면 좀 더 낫지 않을까 하는 가정을 수없이 해. 노라가《후회의 책》을 통해 다른 삶으로 되돌아간 이유이기도 하지. 하지만 후회 없는 완벽한 선택은 없었어. 결국 중요한 것은 그 불완전한 삶 속에서 내가 내릴 수 있는 최선의 선택을 하고 후회하지 않는 것이었지. 후회는 계속해서 우리를 시들게 하고 우리 삶을 불행하게 만들거든. 그러니까 지금의 삶에서 결과가 아닌 그 과정을 지켜보고 우리의 선택을 신뢰하고 무한 애정을 갖는 자세가 우선되어야 하는 거야.

내가 나의 삶을 바라보는 관점을 바꾸게 되잖아? 그러면 그 삶이(실제는 그렇지 않을지라도) 꽤 멋져 보이고 나 자신에게 당당할 수 있거든. 내 마음가짐이 나의 삶을 풍요롭게 할 수 있다는 거야. 그러니까 지금 당장 어떤 선택을 해야 최선일까 고민하기보다는 지금의 나를 믿고 현재를 충실하게 살아가야 해. 내 마음에서 도망치지 않고 누구보다 먼저 헤아려 돌보는 것, 선택을 했다면 뒤돌아보지 말고 그곳에서 최선을 다하는 것, 그럼으로써 내가 가진 삶의 진정한 가치를 아는 것. 그게 우리가 더 나은 미래를 맞이할 수 방법일 거야. 노라가 수많은 인생을 살아보고는 원래의 삶을 지키는 것이 값진 일이라는 것을 깨닫고 죽기 직전 자신의 삶에 돌아온 것처럼 말이야.

조금 다른 방식으로 자신만의 길을 개척한 친구들

《미드나잇 라이브러리》가 선택에 대한 마음가짐을 이야기했다면 이번에는 그 선택으로 인해 현장에서 자신의 선택에 몰두하고 있는 친구들의 이야기를 들어볼 차례야. 어른들은 '열심히 공부해야 해.', '좋은 대학에 가야 해.'라며 잔소리하지만 정작 어떤 인생이 멋진 인생인지에 대한 답을 해주지 않잖아, 그런 우리에게 직업이라는 것이 돈을 벌고 명예를 얻는 것을 넘어서 스스로 성장시키고 자신이 어떤 사람인지를 재정의하는 과정이라는 것을 보여주는 여섯 친구가 있어. 패션 디자이너 심수현, 콘텐츠 크리에이터 김지우, 기후활동가 윤현정, 플랫폼 프로듀서 최형빈, 종합격투기 선수 신유진, 목조주택 빌더 이아진이 바로 그들이야.《기다리기에는 내일이 너무 가까워서》에서는 남들이 원하는 삶이 아니라 자신이 좋아하는 일을 일찌감치 찾아내 조금 다른 방식으로 십 대를 보내며 자신만의 길을 개척한 친구들을 만나볼 수 있어. 그저 청소년의 미담이나 성공담이 아니라 자신의 관심사를 찾은 계기, 그 관심사를 일로 연결시킨 경로, 일하는 마음과 태도에 대해 솔직하고 진솔한 이야기를 하면서 청소년으로서 경험했던 힘듦이나 차별, 자신이 바라는 학교와 사회의 모습, 미래에 대한 불안과 고민까지 담아냈기에 진로를 고민하는 우리에게 구체적인 간접 경험뿐 아니라 삶의 방향에 대해 눈높이에 맞는 조언을 해주고 용기를 북돋아 주지.

스스로 지향하는 가치와 기준을 위해 매일 바쁘게 움직이는 그들은 자신이 삶을 이끌어 나가는 데 있어서 가장 필요한 것은 바로 '용기'였다고 말해. 패션디자이너 수현이는 자신이 원하는 옷을 입기 위해 직접 옷을 만들기 시작했대. 여러 번의 실패가 있었지만 그럼에도 불구하고 다시 도전하는 용기 덕분에 자신이 되고 싶은 모습에 가까워질 수 있었지. 기후활동가인 현정이는 기후 위기 문제를 알리기 위해 피켓을 만들고 학교 앞에서 피케팅을 시작했대. 시위라고 인지되면서 학교 안에서만 하도록 권유받았지만, 용기 내어 학교 밖으로 나가기로 결정하고 행동하면서 지금도 변화가 쉬운 세상을 만들기 위해 노력하고 있지. 삶에서 반짝거리는 것만을 보이고 싶어 하는 요즘 청소년들 사이에서 자신의 장애를 세상에 알리면서 장애인에 대한 이해를 돕고 그들이 직면한 문제들을 수면 위로 끌어올린 친구도 있어. 바로 뇌 병변장애를 가진 지우야. 지우는 장애인을 불쌍한 존재로 만드는 미디어가 마음에 들지 않아서, '장애인은 이럴 거야' 생각하는 사람들의 편견을 깨기 위해 용기를 내서 콘텐츠 크리에이터의 길을 걸어 나갔다고 해. 장애인 당사자로서 갖는 문제의식에 관한 이야기, 휠체어도 패션이 될 수 있다는 걸 보여주는 브이로그 등을 만들면서 이런 문제를 어떻게 해결해야 할지 옳은 방향이 무엇인지 사람들과 함께 질문을 던지며 고민하고 있지. 어떤 일을 시작할 때 마음을 먹는 것도 어렵지만 실제로 행동으로 옮긴다는 게 정말 힘든 일이잖아. 하지만 그들의 이야기를 듣고 있으면 막연한 상상이라도 계속해서 용기를 내어 쫓으면 꿈이 되고 구체적인 계획이 될 수 있다는 것을 발견할 수 있게 돼.

　호주에서 고등학교를 다니던 아진은 어릴 때부터 건축에 관심이 있었대. 그런데 호주도 한국처럼 학교시스템이 입시에 초점이 맞춰져 있어서 휩쓸리듯 입시를 준비하게 된 거야. 그러다 어느 순간 '이게 맞는 건가?'라는 생각이 들었고, 하고 싶은 일을 하며 살아야겠다는 생각이 번뜩 들었대. 아진이에게는 '이유'가 중요했거든. 학교에 다닐 이유, 대학에 갈 이유 등. 그러니 이루고자 하는 목표도 없이 이유도 없이 그냥 사람들이 가라는 길로 가자니 싫었던 거지. '내가 나로 존재할 수 있는지가 가장 중요하다'는 생각에 결국 학교를 그만두고 한국으로 돌아왔고 어느 날 목조주택 현장에 나갔다가 '내일은 얼마나 재미있는 걸 할까?' 하는 기대감이 들면서 건축일의 매력에 푹 빠졌대. 대학교에서 건축학 수업을 듣고 실습도 한 다음 건축 사무소에 입사해야만 건축가가 될 수 있다고 생각했는데, 아진이는 현장에서 더 큰 배움을 얻은 거야.

"진로를 정하지 않았다는 것은 오히려 여러 문이 열려있다는 뜻이잖아요. 마음을 편히 먹고 내가 좋아하는 것을 찾아 자신의 인생을 사는 친구들이 더 많아지면 좋겠어요."

《기다리기에는 내일이 너무 가까워서》(문숙희, 동녘, 2022, 168쪽)

여섯 명의 친구들 이야기를 듣다 보면 자신의 상황에 따라 공감되기도 하고 위로받기도 하는 부분이 꽤 많을 거야. 그런 위로 속에서 종합격투기 선수 유진이의 말처럼 자신이 어떤 인생을 살고 싶은지, 어떤 어른이 되고 싶은지 생각해 보면서 마음가짐의 방향을 잡아보길 바랄게.

경쟁에 지쳐 힘들 때

남을 앞서기보다 나답게 행복하기

•

《스프링벅》,《꽃들에게 희망을》,《소년의 레시피》

평소에 나에게 속마음을 얘기하지 않던 아이가 자기도 너무 속상하고 답답했는지 나를 찾아와 하소연을 시작했어.

"선생님, 제가 진로를 경영학과로 정했는데 시간이 지날수록 이건 제 길이 아닌 것 같아요. 전 스포츠와 관련된 일을 하고 싶어요."

"그럼 왜 경영학과를 생각했던 거야? 지금까지 진로 활동을 그쪽으로 하지 않았어?"

그랬더니 어렵게 입을 열었어.

"그래서 미치겠어요. 선생님들이 다들 경영학과에 진학하면 취업이 잘된다고 했거든요."

이런 풍경이 낯설지만은 않았어. 과거로 돌아가 보면 나도 비슷한 고민을 했었거든. 진로에 대해 고민이 있다면 내가 좋아하는 것과 부모님이나 선생님이 좋아하는 것 사이에서 갈등하기 마련이야. 게다가 다른 사람과 경쟁해야 하는데 스스로가 뭘 좋아하고 잘하는지에 대해 확신이 없다면 더더욱 고민이 되지. 그래서 나는 그 아이에게 《스프링벅》이야기를 해 주었어.

오직 남보다 앞서기 위한 삶

아프리카에 스프링벅이라는 양이 산대. 이 양들은 평소에는 작은 무리를 지어서 평화롭게 풀을 뜯으며 지내. 그런데 점점 무리가 커지면 아주 이상한 습성이 생긴다고 해. 스프링벅은 풀을 뜯으면서 이동하지. 그래서 무리가 커지면 뒤따라가는 양들이 뜯어먹을 풀이 거의 남아 있지 않아. 그러면 양들은 어떻게 할까? 현재 위치보다 좀 더 앞으로 나아가서 다른 양들이 풀을 다 뜯어 먹기 전에 자기도 풀을 먹으려고 하겠지. 그러면 이 양들보다 뒤처진 양들도 똑같이 먹을 풀이 없어지니까 더 앞으로 나아가려 할 테고.

이런 상황이 반복되면 양들은 풀을 뜯어 먹으려던 것도 잊어버리고, 오로지 다른 양들보다 앞으로 가야겠다는 생각만으로 질서를 무너뜨리고 뛰게 된대. 한 번 뛰기 시작한 수천 마리의 양 떼는 미친 듯이 산과 들을 달리지. 계속 말이야. 오직 다른 양보다 앞서기 위해서 뛰는 거지.

그러다가 마지막으로 해안 절벽에 다다르면… 앗, 절벽! 하지만 못 서지. 수천 마리의 양 떼는 굉장한 속도로 달려왔기 때문에 앞에 바다가 나타났다고 해서 곧바로 멈출 수가 없는 거야. 가속도, 알지? 설 수가 없어. 어쩔 수 없이 모두 바다에 뛰어들게 되는 거지.

《스프링벅》(배유안, 창비, 2008, 47쪽)

정신없이 달리던 양 떼는 절벽에 다다르면 너 나 할 것 없이 바다로 뛰어들지. 이런 어처구니없는 상황이 오로지 남보다 앞서는 일이 최선이라고 생각하며 맹목적으로 달려가는 너희들과 겹쳐 보여. 결국 다다른 곳이 절벽이라는 사실을 알았을 때 느끼는 상실감은 이루 말할 수 없지.

언제 브레이크를 밟아야 할까?

책 《스프링벅》에선 엄마의 '완벽한 아들'이자 늘 비교 대상이 되어 동준이의 학교생활을 피곤하게 했던 동준이의 형, 성준이가 어느 날 학교 옥상에서 자살을 해. 명문대 의대생이 '부끄럽다'라는 메일만 동생에게 남긴 채로 말이야. 형이 죽고 집은 무너지지. 형을 잃은 슬픔을 버티게 하는 건 부모님 몰래 하는 〈스프링벅〉이라는 연극이었어. 동준이는 자신이 좋아하는 춤을 추면서 대회를 준비하는 미키의 역할을 맡았지.

극 중에서 미키의 아버지는 춤 따위에 네 인생을 낭비하지 말라고 하지만 미키는 당당하게 얘기해. 춤추는 게 좋다고. 춤출 때 내가 정말 살아 있는 것 같다고. 나도 원하는 것을 하고 싶다고. 춤출 때 행복하다는 미키와 하버드 대학에 가야 한다는 아버지 사이에 갈등이 생기지.

어느 날 동준이는 우연히 형이 자살한 이유에 대해서 알게 돼. 학벌과 경쟁이 팽배한 사회에서 가장 높은 곳이라고 여겨지는 '의대'에 성준이를 보내기 위해, 엄마는 과외 선생님이었던 의대생 장근이 형에게 대리 시험을 보게 했어. 성준이는 그에 대한 죄책감과 부끄러움으로 목숨을 끊었지. 형의 죽음 뒤에 감춰진 진실을 알게 된 동준이는 엄마를 향한 불신과 미움

속에서 형이 죽기 전까지 얼마나 고통스러웠을지 괴로워하며 연극 연습에 더욱 빠져들지. 그리고 자신이 맡은 미키 역할에서 형의 모습을 보게 돼. 하버드 대학은 아버지의 꿈이지 내 꿈이 아니라며 나도 내 인생을 멋지게 가꾸고 싶다는 미키의 바람을 동준이는 목소리와 몸짓과 표정에 그대로 담아 열연하게 되지.

우리나라 학생들은 대학을 향해 달려. 마치 스프링벅처럼 말이야. 성적 때문에 좌우를 살필 새도 없이 앞만 보고 달리지. 처음에는 고등학교 3년만 아무 생각 없이 달리면 된다고 했는데, 요새는 좋은 고등학교에 들어가려면 중학교 3학년도 달려야 한다고 말하지. 그런데 좋은 중학교에 들어가려면 초등학교 6년도 달려야 하고, 그 초등학교를 준비하려면 유치원 때부터 달려야만 한다는 거야. 너무나 가혹한 현실이야. 대학 입시 때문에 18년의 시간을 모두 공부에만 몰두해야 하는 시대를 살아가고 있는 거지.

더욱 안타까운 건 이 시간 동안 공부하는 것 외엔 스스로 선택할 수 있는 일이 거의 없다는 거야. 열두 시간씩 책상에 앉아 공부를 하는데도 왜 내가 공부하는지, 왜 내가 책상에 앉아 있는지 모르는 거지. 친구들이 다 하니까 나도 하는 거야. 스프링벅처럼 지금 내가 왜 뛰는지를 모르는 상황이지. 결국 브

좀 더
초등학교
유치원
쉬면 안돼!!
달리면
중학교
고등학교
목적지가
눈앞에
UNIVERSITY

레이크를 잡을 새도 없이 바다에 뛰어드는 거야. 목적 없이 달려온 결말은 비극인 셈이지.

목적 없이 달려온 끝에는 아무것도 없다는 사실을 짧은 글로 알려준 《꽃들에게 희망을》(트리나 폴러스, 김석희 옮김, 시공주니어, 2017)이라는 책도 있어. 단순한 그림으로 구성되어 있어 충격이 더욱 큰 책이지. 이 책에서는 먹고 자라는 것 이상의 무언가를 꿈꾸는 애벌레들은 수많은 애벌레가 꿈틀거리는 애벌레 기둥에 환상을 가져. 꼭대기는 보이지 않지만 수많은 애벌레는 꼭대기에 오르려 기를 쓰지. 그곳은 내가 짓밟히지 않기 위해 남을 짓밟고 올라가는 곳이야. 처음 이 책을 접했을 때는 그저 애벌레들의 이야기라고만 생각했는데, 중학생이 된 후에 읽었을 때는 그 애벌레가 마치 나같이 느껴졌어. 애벌레 기둥이 경쟁 사회를 살아가는 우리와 너무 닮아 있었거든.

나만의 인생을 찾기란 쉽지 않아

노랑 애벌레는 길을 지나다 우연히 고치를 만드는 다른 애벌레를 만나지. 그 애벌레가 고치를 만든 건 자신을 보호하기 위해서가 아니라, 나비가 되기 위한 준비였어. 단단한 고치를 만들고, 그걸 스스로 뚫고 나오는 아픈 과정을 거쳐야만 했지. 그 애벌레는 훨훨 날아다니며 세상을 구경하는 나비가 되는 게 삶의 목표였거든. 그래서 용기를 냈던 거야. 자신이 생각했던 그 길과 만나기 위해서 말이야. 나비가 되기 위해 혼신의 힘을 다하며 스스로와 싸우는 애벌레를 보면서 노랑 애벌레는 자신의 참모습이 무엇이며, 그것을 발견하는 일은 어디에 있는지 깨닫게 돼.

나비가 되는 길은 진정한 자아를 찾는 길과 같아. 그렇지만 나비가 되기까지의 과정은 쉽지 않지. 나비가 되기 위해서는 죽음을 껴안고 단단한 고치 속으로 들어가야 하지. 그런 고통스러운 상태를 잘 견뎌야 자아를 찾고, 아름답고 새로운 삶을 얻을 수 있어. 《꽃들에게 희망을》은 결국 용기를 가지고 고통의 시간을 잘 견디며 새로운 삶을 위한 모험과 기다림을 멈추지 말라는 메시지를 던져줘. 다른 애벌레들처럼 목적 없이 경쟁하며 꼭대기에 올라서는 일은 아무런 의미가 없어. 꿈을 위해 도전하기보다 취업이 잘되는 현실적이고 안정적인 길을 가라고 요구받는 우리들. 어른들이 보기엔 남들과 다른 인생을 꿈꾸는 것이 무모한 도전이라고 생각할 수도 있지. 공부 이외의 길은 너무 힘들고 위험하고, 게다가 나중에 후회하게 된다고 말씀하시지.

하지만 미래는 누구도 속단할 수 없는 거야. 생각해 봐. 예전에 요리사는 힘들고 보수도 좋지 않은 직업이라는 인식이 강했어. 그런데 지금은 '셰프'라는 이름으로 사람들에게 인정받는 유망 직업이 되었지. '남들이 가니까 나도'라는 마음으로 미래를 결정한다면 나중에 얼마나 후회가 되겠어. 그러니 내 열매는 내가 만들어야 해. 고치 속에서 고통을 겪고 시간이 걸리더라도 말이야. 남이 물 주고 억지로 키워봤자, 그것은 내 열매도 아니고 그 맛도 달지 않을 거야. 스스로 자라나야 해. 그것이 진정한 성장이지.

자신만의 삶을 요리하기 위한 레시피 찾기

의욕적으로 일에 몰두하던 사람이 극도의 신체적·정신적 피로감을 호소하며 무기력해지는 현상이 있어. 바로 번아웃(burnout) 증후군이지. 번아웃 증후군은 포부가 높고 전력을 다하는 성격의 사람에게서 주로 나타난대. 요즘은 이 증후군이 학생들에게도 나타나서 자기 삶을 만들어보기도 전에 일상을 포기하고 학교를 떠나는 아이들이 많아. 쉬지 않고 학교로, 학원으로 내몰리다 보니 그럴 수밖에 없지. 그런데 이런 상황에서 자신의 레시피 대로 삶을 만들며 제대로 버닝 중인 아이가 있어. 바로 《소년의 레시피》에 나오는 제규가 그 주인공이지.

공부도 예체능처럼 적성이 있다. 벚꽃이 지고 철쭉이 필 때까지, 열일곱 살 소년은 자신의 미래를 고민했다. 멀리 있지 않았다. 아빠처럼 밥하는 데서 흥미를 느꼈다. 음식을 만들어서 접시에 예쁘게 담아내는 일도 즐거웠다. 제규는 담임 선생님을 찾아가서, 저녁밥을 하고 싶다고 했다. 정규수업 마치고 집에 와서는 식구들을 위해 밥상을 차렸다.

《소년의 레시피》(배지영, 웨일북, 2017, 7쪽)

처음에는 이 책의 표지가 아주 인상적이었어.(나는 책을 고를 때 책 표지부터 보는 경향이 있지. 표지가 좋아 보이는 책들은 따로 수집하기도 해.) 한쪽으로 멘 가방, 동그란 안경, 이어폰을 낀 남학생의 모습은 우리에게 아주 익숙하잖아. 그런데 자세히 보니 한 손에 장바구니가 들려 있어. 바로 이 책의 주인공인 제규의 모습이 표지에 담겨 있었지.

일반고 학생들이 일류 대학을 목표로 달릴 때, 제규는 스스로 궤도 이탈자가 돼. 본 적 없는 미래를 두려워하지 않고 '해야 할' 공부 대신에 '하고 싶은' 요리를 하지. 앞만 보고 달리는 대신 주위에 널린 맛있는 풀을 뜯어먹고 있는 거야. 미래에 대한 불안과 염려에 전염되어 좋아하는 풀이 아니라 남들이 먹는 풀만 쫓아가던 스프링벅 같은 아이들과는 전혀 달랐지. 평범하고, 성적도 그저 그런 제규는 1학년 6반을 대표해서 꿈 발표대회에 나가게 돼. 1학년 중에서 가장 꿈이 확실한 학생이라는 소개를 받으며 말이야.

'일반고에서 홀로 외롭지만, 맛있고 건강한 음식을 요리하듯 자신의 삶을 요리하는 소년.'
고등학교 1학년이 끝나는 날 받은 생활기록부. 제규의 담임선생님은 행동 특성과 종합 의견에 이렇게 썼다. (중략) 제규가 '자신의 삶을 요리하는 소년'이 될 줄 몰랐다. 입학했을 때는 보충수업과 야자를 너무나 싫어하는 학생일 뿐이었다.

《소년의 레시피》(배지영, 웨일북, 2017, 246쪽)

제규는 친구와 가족들을 위해 스토리가 있는 소박한 요리들을 만들지. 음식을 만들 때 자신이 행복하기 때문이야. 친구들은 확실한 꿈을 가지고 부엌에서는 또 다른 모습을 보여주는 제규에게 부러움의 눈빛을 보내지. 진짜 멋있다면서 말이야.

제규의 엄마도 자기 길을 가는 고등학생만의 멋짐이 있다고 응원해주지.

'아모르파티(amor fati)'라는 말 들어봤지? 한때 유행했던 신나는 노래가 먼저 떠오를지도 몰라. 아모르파티는 '네 운명을 사랑하라'는 의미야. 이 말은 좋아하는 일을 하고 자신만의 길을 걸으면서 행복을 얻고 즐겁게 살라는 말과도 같아. 그런데 대부분은 자기가 좋아하는 일이 뭔지, 스스로가 어떤 길을 걸어야 할지 결정을 내리지 못하고 고민하는 경우가 많아. 그래서 영국에서는 학업을 잠시 중단하거나 병행하면서 봉사활동을 하거나 여행을 하는 시간, 혹은 흥미와 적성을 찾고 앞으로의 진로를 탐색하는 시간인 갭이어(gap year)를 갖는다고 해. 우리나라에서는 대학생들이 휴학을 하고 갭이어를 갖기도 하지. 한국에서 중학교 때 실시하는 자유학기제도가 갭이어와 비슷한 맥락을 가진 시간이라고 볼 수 있어.

자유학기제 때 시험이 없다고 신나게 놀면서 소중한 시간을 낭비하지 말고, 평소에 해보고 싶었던 체험을 하거나 관심 분야에 대해서 좀 더 적극적으로 알아가는 시간으로 활용했으면 좋겠어. 계속해서 원하는 일들을 탐색하다 보면 제규처럼 향기도 맡고 맛도 음미하면서 자신만의 길을 걸어가는 멋진 사람이 될 수 있을 거야. 그리고 내가 원했던 일이 생각보다

힘들고, 하기 싫어지면 언제든 브레이크를 밟고 다른 길을 찾
을 수도 있고.

내가 원했던 길로 막상 들어서니 생각과 다르다고, 내 인생
은 잘못됐다며 너무 괴로워하고 자책할 필요는 없어. 새로운
풀도 먹어보고, 다른 풀도 찾다 보면 정말 내가 좋아하는, 나
만의 풀을 찾아낼 수 있을 테니까.

삶의 이유를 알고 싶을 때

영혼을 토닥여주는 오랜 친구 같은 책

•

《어린 왕자》, 《내 영혼이 따뜻했던 날들》

한 학생이 내게 와서 말을 걸었어. "선생님, 인생이란 무엇일까요? 선생님은 의미 있는 삶이 뭐라고 생각하세요?" 마치 오랜 시간을 거슬러 톨스토이가 현재의 내게로 와서 사람은 무엇으로 사느냐고 묻는 것만 같았지. 나 역시 철학적으로 박식하지 않다 보니 그 학생에게 해줄 말은 많지 않았지만, 내 인생이 그야말로 시행착오 다분한 시트콤 인생 아니겠어? 지뢰밭에서 열심히 구르면서 체득한 지극히 개인적인 깨달음이 있었고, 그리하여 지금까지 왔다는 생각에 조언을 건넸지.

나만의 가치를 차분히 만들어가기

먼저 생텍쥐페리의 《어린 왕자》를 만나보자. 소행성 밖으로 떠난 어린 왕자는 여러 어른들을 만나. 일방적인 명령을 내리는 왕, 다짜고짜 숭배받기를 원하는 허영심에 빠진 남자, 잊기 위해 술을 마시는 술꾼, 밤하늘의 별을 숫자로 '소유'하려는 사업가. 그들은 모두 하나같이 모순을 안고 사는 어른이야. 자신이 중요하게 생각하는 가치를 얻고자 때로는 자신을 버리기도 하지. 그런 그들을 보며 어린 왕자는 이렇게 말해. "어른들은 정말 이상해."

나는 어떤 별에 살고 있는 얼굴이 뻘건 아저씨 하나를 알고 있어. 그는 꽃향기라곤 맡아본 적이 없어. 별을 바라본 적도 없고 누구를 사랑해본 적도 없고 오로지 계산밖에는 아무것도 하는 일이 없었어. 그러면서 온종일 '나는 진지한 사람이야! 나는 착실한 사람이야!' 하고 되풀이하면서 여간 거만하게 구는 게 아니야. 그렇지만 그건 사람이 아니라 버섯이라고!

《**어린 왕자**》 (앙투안 드 생텍쥐페리, 김화영 옮김, 문학동네, 2007, 38쪽)

어린 왕자가 조종사에게 '사업가'에 대해 말한 부분이야. 꽃

190

향기를 맡아보지도, 별을 바라보지도, 누군가를 사랑해 본 적
도 없는 사람. 사업가뿐 아니라 어린 왕자가 다녀간 별의 '어
떤 어른'들에게 향하는 말이었지. 어린 왕자가 바라본 어른은
자신만의 비뚤어진 가치에 사로잡힌 버섯이었어. 버섯은 자
신의 성장에만 몰두하지. 타인을 돌아볼 여유가 없어. 그들 머
릿속엔 온갖 다양한 선입견들이 들어와 자리를 꿰차고, 그들
은 겉으로 드러나는 것에만 관심이 있지.

진짜 너만의 인생을 찾고 싶다면 《어린 왕자》에 나오는 어
른은 되지 마. 어떤 가치를 품고 살아갈지, 왜 그렇게 살아야
할지에 대해 질문하고 답을 찾아봐. 그러면 어린 왕자가 말하
는 버섯 같은 '어른'은 되지 않을 거야. 《어린 왕자》를 통해 건
네고 싶은 내 조언은 남이 아닌 자신이 중요하다고 생각하는
가치를 가지고 살아가라는 것. 어린 왕자와 오랜 시간 이야기
를 나누면서 내가 가장 소중하게 여기는 가치는 무엇인지 생
각해 보면 좋겠어.

실패를 두려워하지 말고 다양하게 경험하며 성장하기

아빠가 돌아가시고 1년 만에 엄마까지 잃게 된 다섯 살 소년

이 있어. 친척들은 돈이 될 만한 침대나 의자 등을 챙기면서 막상 엄마를 잃은 아이는 어디로 보낼지 다투는 중이야. 그 틈바구니에 키가 아주 큰 할아버지가 가만히 서 있었어. 그는 체로키족의 피가 반반 섞인 분이었어. 어린 소년은 많은 친척들을 헤치고 할아버지에게로 가서 울거나 소리 지르지 않고 오직 할아버지의 다리만 부둥켜안고 있었대. 아이는 본능적으로 할아버지에게 끌렸던 거지.

그리하여 할머니와 할아버지가 아이를 맡게 되고, 아이는 그날로 할아버지의 안식처인 깊은 산속으로 들어가 살게 돼. 이들 세 식구의 아름답고 따뜻한 산속 생활을 담은 책이 있어. 넉넉한 자연에서 얻어진 품성과 독서로 다져진 사색에서 우러나온 명언이 담긴 책《내 영혼이 따뜻했던 날들》이지. 우스갯소리지만 이 책을 읽을 때면, 영혼이 따뜻해지다 못해 뜨거워지기까지 해.

"자, 봐라, 작은 나무야. 나는 네가 하는 대로 내버려둘 수밖에 달리 방법이 없었단다. 만약 내가 그 송아지를 못 사게 막았더라면 너는 언제까지나 그걸 아쉬워했겠지. 그러지 않고 너더러 사라고 했으면 송아지가 죽은 걸 내 탓으로 돌렸을 테고. 직접 해보고 깨닫는 것 말고는 방법이 없단다."

《내 영혼이 따뜻했던 날들》

(포리스트 카터, 조경숙 옮김, 아름드리미디어, 2014, 161쪽)

　하루는 '작은 나무'(아이의 이름이야)가 한 남자에게 송아지를 사는 일이 벌어져. 가진 돈은 50센트뿐이었지만 그 남자는 자신이 기독교도로서 해야 할 일이라고 생각한다며 50센트에 그 송아지를 넘겨주지. 알고 보니 그 송아지는 병든 송아지였어.

　할아버지는 작은 나무가 데려온 송아지를 보자마자 병들었다는 것을 알았지만, 아무 말도 하지 않았어. 작은 나무가 스스로 결정한 것에 대한 결과를 겸허히 받아들이는 과정이 중요하다고 생각했거든. 송아지는 결국 집에 돌아가는 길에 죽어버려. 작은 나무는 이런 시행착오를 겪으면서 자신만의 가치관을 세우게 되지. 과거에 머무르면서 괴로워하지 않고, 앞으로의 경험과 스스로 내린 결정이 얼마나 중요한지에 대해 고민해.

　작은 나무가 겪은 것처럼 우리가 결정한 일에 실패는 존재할 수밖에 없어. 그러니 괴로워할 필요가 없는 거지. 실패를 통해 배우고, 실패에서 회복하는 과정 자체가 훨씬 더 중요하거든. 이런 과정을 거치다 보면 자신감은 덤으로 따라와. '좀 실패하면 어때. 다음에 잘하면 되지.' 같은 강한 멘탈이 저절로 탑재되는 거지. 자신이 결정하고 경험하면서 실패도 하고 좌절도 겪다 보면 조금 더 단단해진 나를 발견할 수 있을 거야. 작은 나무처럼 말이야.

"지난 일을 모르면 앞일도 잘 해낼 수 없다. 자기 종족이 어디서 왔는지를 모르면 어디로 가야 될지도 모르는 법."

《내 영혼이 따뜻했던 날들》

(포리스트 카터, 조경숙 옮김, 아름드리미디어, 2014, 79쪽)

나를 포함해 모든 사람은 실패를 두려워해. 그래서 도전이라는 말을 들으면 실패할지 모른다는 부담감이 먼저 생길지도 몰라. 실패하면 상실감이 크고, 자신은 쓸모없는 인간이라는 생각이 들어서 나의 존재 자체를 부정하게 될 수 있어. 내 위치에 대한 불안감이 엄습할 수도 있지.

이럴 때 〈어벤져스: 인피니티 워〉를 봐봐. 뭐든 척척 해내는 슈퍼 히어로마저 실패에 대한 두려움을 늘 갖고 있다는 걸 보여주지. 〈어벤져스: 엔드게임〉을 보면 이들도 실패를 거듭하다가 스스로를 신뢰하지 못하고 모든 것을 포기하는 모습이 보이기도 하지. 그렇지만 과거의 실패를 동력 삼아 상황을 극복할 방법을 찾아봐. 슈퍼 히어로들은 그들의 능력이 갑옷이나 방패에 있는 것이 아니라 좌절을 통해 더 나아갈 수 있는 힘에 있다는 깨달음도 얻게 되지.

결국 실패를 경험하지 못했던 타노스와는 달리, 질릴 만큼 실패를 거듭한 어벤져스는 매우 강한 존재가 되어 있었어. '실패는 성공의 어머니'라는 문장은 진부하지만 여전히 의미가 있는 말이야. 실패하는 사람에게는 자신의 실패를 복기할 수 있는 티켓이 주어져. 그 복기가 반복되다 보면 멘탈계의 어벤져스가 되어 있을 거야. 실패를 두려워하지 말고 늘 직접 결정하고 경험하고 고민하렴. 너의 경험과 선택, 그리고 계속 방법을 찾는 시도들을 잊지 말고 뇌에 각인될 때까지 훈련해 봐.

힘들거나 기쁠 때, 힘이 되는 책을 찾기

학부모를 대상으로 하는 '비속어 강연'에 나갔을 때였어. 학교 학생들을 대상으로 했던 5분 비속어 수업을 바탕으로 열심히 학생들에게 '욕을 안 쓰게 하는 비법'을 풀고 있는데, 강연장에 있던 한 어머니가 조용히 손을 들며 말했지. "사회나 학교가 아이들을 너무 옥죄고 있어서 아이들이 그런 감정을 표출

해낼 수 있는 도구가 없는 것 같아요. 아이들에게 욕하지 말라고 할 것이 아니라 우선 자유롭게 자기를 표현할 수 있는 사회의 장치를 마련해 두는 것이 먼저 아닐까요?" 예상했던 질문인 만큼 나의 대답은 단호했지. "그런 도구로는 책이 제격이에요. 독서만 한 게 없죠."

독서라니 혹시 듣기만 해도 지긋지긋해? 어렸을 때부터 우리의 취미는 독서가 담당했잖아? 가짜 취미 때문에 죄책감이 느껴지기는 했지만 뭐 어때, 교과서를 읽는 것도 독서니까 백 퍼센트 거짓은 아니지 뭐.

우리는 책을 지식을 전달하는 도구쯤으로 생각해. 그러니까 당연히 지겹지. 독서는 너희가 열광하는 게임과 달라. 게임은 레벨이 정해져 있어서 1단계를 깨고 나면 성공 아이템을 받으며 2단계로 넘어갈 수 있지. 게임은 단계가 올라갈 때마다 무기나 포인트를 주는 등 동기 유발을 해주지만 독서는 그런 게 전혀 없어. 화면이 자극적이지도 않지. 하얀 건 종이, 검은 건 글자니 따분하게만 느껴지지. 그러니 갑자기 책 자체가 흥미진진하게 느껴질 리 없어.

그런데 내가 행복할 때나 힘들 때나 언제나 같은 자리에서 나를 맞이해주며 깊이 생각하게 만들어주는 책을 발견하면 어떨까? 그만큼 인생에서 좋은 친구가 있을까?

가령 네가 오후 네시에 온다면 난 세시부터 벌써 행복해지기 시작할 거야. 시간이 갈수록 나는 점점 더 행복해지겠지. 네시가 되면 난 벌써 흥분해서 안절부절못할 거야. 그래서 행복이 얼마나 값진 것인가를 알게 되겠지!

《어린 왕자》(앙투안 드 생텍쥐페리, 김화영 옮김, 문학동네, 2007, 102쪽)

이 구절 기억나지? 교과서에도 나오잖아. 교과서에서 본 적이 없다고 하더라도 연애 좀 해봤다는 사람들, 우정 한번 진하게 나눠본 사람들이라면 다 한 번씩은 인용했다는 이 문장. 《어린 왕자》의 이 문장을 처음 만났던 건 중학생 때였어. 처음에 읽었던 《어린 왕자》는 정말 시시했지. 기억 속에 남은 내용은 모자처럼 생긴 그림이 사실은 코끼리를 삼키고 소화시키는 보아뱀이라고 했던 것 정도? 나는 생텍쥐페리가 우려한 대로 이 책을 아주 무성의하게 읽어치웠지.

그러다가 대학생 때 다시 만났어. 사랑, 경쟁, 관계의 불확실성에 대한 고민이 엄습했을 때였어. 그런데 그때 머리 좀 식히려고 들었던 이 책에서 인간이 겪는 잡다한 감정이 보이더라고. 장미가 소중한 이유를 얘기하며 사랑을 말하고, 임금님과의 대화를 통해서는 사회생활을 미리 경험하게 되지. 어릴 때는 소행성에서 길을 잃고 별을 탐험하면서 다양한 사람들을 만난 이야기라고 생각했는데, 그 이야기 속에서 인간의 감정이 다양한 사람들을 통해 풀려나왔지. 그래서 어려운 순간이면 다시 《어린 왕자》를 찾았어. 그때 알았어. 좋은 책은 읽을 때마다 다르게 읽힌다는 것을. 그리고 책을 통해 위로받는다는 것이 어떤 의미인지. 책을 읽으며 사색하는 시간이 필요하다는 것을 말이야.

"그럼 비밀을 가르쳐줄게. 아주 간단한 거야. 오직 마음으로 보아야 잘 보인다는 거야. 가장 중요한 건 눈에 보이지 않아."
"가장 중요한 건 눈에 보이지 않아." 잘 기억해두기 위해서 어린 왕자가 되뇌었다.
"네 장미꽃이 그토록 소중하게 된 것은 네가 네 장미꽃을 위해서 들인 시간 때문이야."

《어린 왕자》(앙투안 드 생텍쥐페리, 김화영 옮김, 문학동네, 2007, 105쪽)

인용한 부분은 나에게 늘 큰 위로와 위안을 건네는 대목이야. 진짜 의미 있는 것은 내가 시간과 애정을 쏟은 그 하나라는 것. 우리는 사소하지만 중요한 것들을 너무 많이 잊고 살잖아. 그것이 진로든, 가족이든, 친구든 간에.

내가 쏟은 마음과 시간은 그만큼 어딘가에 영원히 존재할 거야. 그걸 잊지 말라고 늘 나를 위로해 주는 책. 나에게는《어린 왕자》였지만, 너에게 좋은 친구가 되어줄 책도 어딘가에서 예쁘게 반짝이며 너의 선택을 기다릴걸? 독서를 대신하는 다양한 취미가 있을 거야. 그렇지만 시간을 두고 읽을수록 새로운 모습을 보여주는 책이 있다면 꽤 탐나지 않아? 기분에 따라 마음을 읽어줄 너만의 책을 찾을 수 있다면 그것만큼 너에게 좋은 친구가 또 있을까?

5

인생의 멘토가 필요할 때

어떤 등대의 빛을 보고 나아갈까

•

《역사의 쓸모》,《여덟 단어》

살면서 우리는 친구 관계와 같이 아주 사소한 것에서부터 '내가 잘하고 있는 걸까?', '어떻게 살아가야 하는 걸까?'와 같이 거창하고 즉각적인 답도 없는 고민이 시도 때도 없이 밀려들곤 해. 정답이 정해져 있지 않다는 걸 어느 정도 알고 있으면서도 당장 답을 찾지 못하거나 위로가 되는 말을 듣지 못하면 마음이 초조하고 불안해지기도 하지. 게다가 나를 믿어주는 주변 사람들에게 고민을 털어놓고 싶지만 어떨 때는 그런 고민이 내 약점인 것만 같아서 누군가에게 말하지 않고 속으로 앓을 때가 더 많기도 하고. 잔소리는 싫고 충고는 더 싫은 나! 그래서 종종 문제를 함께 의논하고 앞길을 조언해 줄 멘토를 간절히 원할 때가 있어. 성인(聖人)처럼 훌륭한 멘토가 딱 나타나서 미숙하고 실수와 실패도 많고 계속 시행착오를 겪는 나에게 스스로 깨닫고 극복할 기회를 주거나 좋은 대안을 찾을 수 있도록 도와주었으면 하고 말이야. 하지만 지식을 넓혀줄 학문적인 스승은 넘치지만 인생의 등불이 되어줄 진정한 멘토를 만나는 건 쉽지 않은 일이야. 훌륭한 사람은 흔하지 않을뿐더러 우리 주위에 있을 확률이 거의 없거든. 게다가 어른의 경우엔 자신을 믿어주는 사람들에게 고민을 털어놓으면서 다시 앞으로 나아가려고 노력하지만, 청소년 시기에는 그런 고민이 결점처럼 느껴져서 쉽게 털어놓지 못하고 속으로 끙끙대곤 하지. 그런 너희들의 상황에서 딱 맞게 내가 원하면 언제 어디서든 만날 수 있는 멘토를 소개해 보려고 해. 바로 자신의 삶을 좀 더 진지하게 바라보고 스스로 자기 삶을 책임질 수 있도록 주도력을 기를 수 있는 책 두 권.《역사의 쓸모》와 《여덟 단어》야.

역사와 그 인물들을 통해 배우는 인생의 방향

《역사의 쓸모》는 우리가 한국사 책에서 읽어보았을 법한 역사

속 이야기들과 그 인물들을 통해 우리가 삶을 살아가면서 생기는 고민, 선택, 행동의 의미를 짚어나가는 인문학책이야. 인문학이라고 해서 딱딱하거나 어렵게 생각할 필요는 없어. 역사 속 인물들 가운데 가슴 뛰는 삶을 살았던 사람들의 삶을 돌아보며, 자신의 삶을 굳건하게 살아가는 법에 대해서 자연스럽게 배우는 거거든. 단순히 역사적 내용만을 전달하는 것이 아니라 그들의 삶의 모습에 공감하고 미래를 어떻게 살아나가야 할지 방향성에 대해서도 고민해 보고 스스로 답을 찾아보게 하는 책이라 더욱 특별하지. 물론 과거에 대해 부정적인 시각을 갖는 사람들도 많이 있어. 하지만 역사는 '라떼는 말이야'가 아니라 미래를 보는 거울이기 때문에 역사 속 그들의 삶을 통해 우리는 좀 더 지혜로운 선택과 삶에 대해 배워볼 수 있지.

어떤 사람은 역사가 단순히 사실의 기록이라고 말하지만 저는 그렇지 않다고, 오히려 역사는 사람을 만나는 인문학이라고 강조합니다. 역사는 나보다 앞서 살았던 사람들의 삶을 들여다보면서 나는 어떻게 살 것인가를 고민하고 실천할 수 있도록 도와주는 존재예요.

《**역사의 쓸모**》(최태성, 프런트페이지, 2024, 10쪽)

"나만 빼고 다 잘 사는 것 같아!" SNS를 하다가 이런 생각이 든 경험 한 번쯤 있을 거야. SNS의 발달 때문에 타인의 삶을 쉽게 알 수 있게 되면서 우리는 내 삶보다 타인의 삶에 더 집중하게 되었지. 방학 동안 해외여행을 가는 친구들. 인싸템을 장착한 친구들 등 화려한 모습을 보면서 나와 비교하게 돼. 그러면서 상대적 박탈감을 느끼게 되지. 이렇게 우울감에 빠져 있는 우리에게 저자인 최태성 선생님은 고려시대의 사또 최석과 조선시대의 영의정 이원익이라는 인물의 삶을 비춰주며 쓸데없이 휘둘리지 말고 남과 비교하지 않는 자세를 소개해. 각자의 삶에는 자신만의 궤적이 필요하다는 멋진 말을 남기면서 말이야.

우리에게 전해주는 이야기는 이뿐만이 아니야. '동학농민운동'을 통해 새로운 세상을 꿈꾸는 그들의 의지와 희망을 보여주고 우리가 할 수 있는 게 별로 없다는 생각에, 침묵하고 비관하는 삶을 살고 있진 않았는지 돌이켜 보게도 하지. 신라 문무왕 때 비밀병기를 만드는 기술자 구진천이라는 사람이 당으로 끌려간 일화를 통해선 개인의 올바른 선택이 주변에 미치는 영향에 대해서도 소개하지. 조선시대 정조의 총애를 받은 정약용이 유배지에서 읽고 쓰는 일을 게을리하지 않고 선비의 기상을 유지해 결국에는 폐족을 면하면서, 당장의 고난으로 인생이 끝나는 게 아니라는 것, 한 번 쓰러졌다 하여 결코 일어나지 못하는 것이 아니라는 교훈까지 던져줘. 역사뿐 아니라 우리가 자아정체성을 확립하며 살아야 하는 이유, 타인에 대한 이해와 공감이 중요한 이유 등 훌륭한 멘토가 곁에서 해줄 수 있는 종합조언선물세트 덕분에 가슴이 웅장해지고 뭔가 기상이 높아지는 느낌도 들지. 책을 읽기 시작할 때에는 역사를 공부하는 것 같지만 결국 책을 덮을 즈음에는 알게 될 거야. 결국 사람과 인생을 공부하는 것이구나 하고 말이야.

행복한 삶을 위한 여덟 개의 키워드

《역사의 쓸모》를 통해 우리가 나아가야 할 인생의 방향을 찾았다면 이번에는 그 방향에서 풍요롭고 행복한 삶의 조각들을 짜 맞출 수 있는 인생의 키워드를 제시하는 멘토를 소개하려고 해. 바로 박웅현 작가의 《여덟 단어》라는 책이야. 책에서 제시하는 여덟 개의 키워드는 바로 이거야. 자존, 본질, 고전, 견(見), 현재, 권위, 소통, 인생. 이 단어들은 무척 평범해 보이고 큰 공통점 없는 개별적인 단어처럼 보이지만 사실은 행복한 삶과 연결돼 있어. 주어진 여덟 개의 키워드를 따라 강의를 들는 느낌으로 편안히 책을 따라가면 마지막엔 이 여덟 개의 단어들이 마음속에 박히며 나의 삶을 그 단어들로 어떻게 버무려 보면 좋을까 즐거운 상상을 하게 되지.

> 스스로를 스펙만으로 정의 내리는 사람은 덩어리만 큰 빈 수레와 같습니다. (중략) 스펙보다 그 사람이 가지고 있는 진짜가 무엇인지가 정말 중요합니다.
>
> 《**여덟 단어**》 (박웅현, 북하우스, 2013, 59쪽)

이 멘토가 좋아서 자꾸 책에 손이 가는 이유는 딱 하나였어. 우리가 평소에 듣던 조언이랑은 결이 조금 달랐거든. 남들과 똑같지 않으면 왠지 모를 불안감이 밀려드는 환경에 놓인 우리에게 평소의 어른들이라면 "자존감 높이려면 남들보다 공부를 잘해서 좋은 대학에 가고 남부럽지 않은 직장에 취업해야 해."라고 조언하는 반면 "자존감을 높이기 위해서는 좋은 학벌이나 돈을 얼마를 버느냐가 중요한 것이 아니라 삶의 기준점을 안에 두어야 해."라고 삶의 본질에 대해 조금은 특별한 조언을 해줘. 겉보기에 화려해 보이는 스펙보다는 그 사람이 가지고 있는 것을 아는 게 중요하다는 걸 일깨워주지. 그러면서 나 스스로도 내면을 채우며 살았는지 질문하도록 만들어줘. 결국 나를 존중하는 삶이 가장 먼저가 되어야 한다는 거지. 남의 답이 아니라 나의 답을 찾고 나라는 자존을 가지고 살면 행복하게 살 수 있으니까 껍데기 같은 학벌이나 스펙이 인생의 행복을 대신할 수 없다고 얘기하는 데 무작정 열심히 달리라고 등 떠미는 레이스에서 유일하게 내 땀을 닦아주고 다리를 주물러주고 등을 토닥여주는 느낌이 들더라. 눈으로 글을 따라가는데 계속 위로가 되고 힘을 얻게 돼.

클래식, 즉 고전에 대한 강조도 인상 깊었어. 시대를 뛰어넘어 변함없이 읽을만한 가치를 지니는 것이 바로 고전이라 이야기하면서 지금 현재뿐 아니라 전혀 다른 시대 사람과의 본질적인 교감이 있다면 우리의 인생은 더 풍요로워질 것이라는 이야기를 전해줘. '고전만한 게 없어!'라는 말을 많이 듣지만 왜 읽어야 하는지, 어떻게 읽어야 하는지 우리는 잘 모르잖아. 그러니 그저 어렵게 느껴지기만 하고 자꾸 피하게 돼. 그런데 작가는 이 고전을 배우고 외우는 것이 아니라 그저 즐길 대상이니까 문학이든 음악이든 미술작품이든 편하게 생각하고 즐기라고 조언해 줘. 고전을 읽어야 알아야 유식한 게 아니라 그걸 즐기면 삶이 더 풍요로워질 거라고. 그러니까 자꾸 궁금한 거야. 어떤 풍요로움을 느낄 수 있을까 하고. 그러니 나도 모르게 책장에 꽂혀 있는 고전을 자꾸 들춰보게 돼. 책에서 소개한 클래식도 들어보게 되고.

> 모든 선택에는 정답과 오답이 공존합니다. 지혜로운 사람들은
> 선택한 다음에 그걸 정답으로 만들어내는 것이고, 어리석은
> 사람들은 그걸 선택하고 후회하면서 오답으로 만들죠.
>
> 《여덟 단어》(박웅현, 북하우스, 2013, 230쪽)

세상에 완벽한 선택은 없고 옳은 선택은 없으니까 답을 찾기보다는 선택을 하고 옳게 만드는 그 과정이 중요하다는 작가의 말을 곱씹으며 지금의 상황에서 최선을 다하고 있는 나의 모습을 힐끗 쳐다보게 돼. 내 삶에 밀접하게 다가와 멋진 조언을 해줄 수 있는 멘토는 멀리 있는 게 아니더라. 언제 어디든 네가 원하면 만날 수 있어. 그러니 이 두 책을 만나 너의 삶에 꼭 필요한 지혜와 신뢰가 가득한 맞춤형 조언들을 얻고 위로받고 네가 한껏 더 성숙해지기를 바랄게.

까칠한 십 대를 위한 토닥토닥 책 처방전

초판 1쇄 인쇄 2025년 7월 31일
초판 1쇄 발행 2025년 8월 12일

지은이 | 권희린

발행인 | 박재호
주간 | 김선경
편집팀 | 허지희
마케팅팀 | 김용범

디자인 | 석운디자인
일러스트 | 김수민
종이 | 세종페이퍼
인쇄·제본 | 한영문화사

발행처 | 생각학교
출판신고 | 제25100-2011-000321호
주소 | 서울시 마포구 양화로 156(동교동) LG 팰리스 612-2
전화 | 02-334-7932 팩스 | 02-334-7933
전자우편 | 3347932@gmail.com

ⓒ 권희린 2025

ISBN 979-11-93811-59-7 (43100)